Felicitas Betz

Märchen als Schlüssel zur Welt

Eine Auswahl für Kinder im Vorschulalter
Handreichung für Erzieher

Verlag Ernst Kaufmann, Lahr
Verlag J. Pfeiffer, München

CIP-Kurztitelaufnahme der Deutschen Bibliothek
Märchen als Schlüssel zur Welt: e. Auswahl für Kinder im Vorschulalter: Handreichung für Erzieher / Felicitas Betz.
– 1. Aufl. – Lahr: Kaufmann; München: Pfeiffer, 1977
  ISBN 3-7806-0316-0 (Kaufmann)
  ISBN 3-7904-0234-6 (Pfeiffer)
NE: Betz, Felicitas [Hrsg.]

2. Auflage 1978
© 1977 by Verlag Ernst Kaufmann, Lahr/Schwarzwald
Umschlag: Karin Scheier
Gesamtherstellung: Ernst Kaufmann, Lahr/Schwarzwald
Printed in Western Germany

ISBN 3-7806-0316-0 (Kaufmann)
ISBN 3-7904-0234-6 (Pfeiffer)

Inhaltsverzeichnis

Zur Einführung

Märchen im Vorschulalter?

Sollen wir den Kindern Märchen erzählen? Wecken wir nicht Ängste? Führen wir sie nicht auf falsche Geleise, in gesellschaftliche Zusammenhänge, die unwiederbringlich vergangen sind? Ermuntern wir sie nicht durch die Märchen zu Tugenden, die längst nicht mehr als solche angesehen werden? Machen wir sie nicht zu Träumern, die sich in der heutigen Realität nicht zurechtfinden? – So und ähnlich fragen heute vielfach Erzieher, die sich in den Strudel hineingerissen sehen, der alle Traditionen fraglich macht. Und unsere Volksmärchen gehören zu den ältesten auf unserem Boden im europäisch-abendländischen Raum gewachsenen und überlieferten Traditionen. Bedeutsamerweise sind sie bisher noch nicht ausrangiert worden, sondern haben sich – wenn auch in einem verdrängten Winkel und bisweilen nur mehr bei den Kindern – immer noch behauptet.

Ich möchte mit dieser Sammlung von Kindermärchen, die schon in Kindergarten- und Vorschulgruppen erzählt werden können, wieder eine Lanze für das Märchen brechen. Und ich möchte die Erzieher erneut dafür gewinnen, die Märchen in ihre Arbeit bewußt einzuplanen. Die vorgelegte Auswahl beschränkt sich hier auf Märchen, die für Kindergruppen erzählt werden können, also von Erziehern, die nicht ihre eigenen Kinder, sondern die fremder Eltern vor sich haben. Im persönlichen Kontakt mit den eigenen Kindern in der Familie könnte die Auswahl großzügiger sein, sie brauchte nicht so vorsichtig im voraus bedacht zu werden. Aber Erzieher in größeren Kindergruppen erleben die Kinder nicht einzeln, sind nicht nachts mit ihnen zusammen, nicht dann, wenn diese Kinder krank sind. Sie können und dürfen keine so intensive Bindung zu den Kindern entwickeln, wie es im Eltern-Kind-Verhältnis normal sein sollte. Es fehlt ihnen deshalb auch die Möglichkeit, den Kindern in Krisensituationen durch personale Zuwendung beizustehen, auf emotional übererregbare Kinder beruhigend einwirken zu können und plötzlich auftauchende Angstsituationen aufzufangen. Der Erzieher in einer Kindergruppe von Kindern unter sechs Jahren muß deshalb sehr viel bedachtsamer vorgehen als Eltern. Ich habe mich bei dieser Sammlung vor allem von diesem Gesichtspunkt bestimmen lassen, abgesehen von meiner Intuition für das Aufnahmevermögen dieser Kinder, für ihre Orientierungsbedürfnisse, für das, was sie berührt und was ihnen Spaß macht.

Kind und Märchen

Ich halte – vom Kind her gesehen – die Märchen für ein notwendiges Element zur Unterstützung ihrer Entwicklung, heute mehr als je zuvor. Denn es geht darum, der Vermassung ins Seelenlose entgegenzuarbeiten. Je stärker die Kinder schon frühzeitig rational-intellektuell gefördert werden, umso wichtiger wird es, das Gegengewicht in der Seelentiefe zu aktivieren, damit die Spannung zwischen klarer Bewußtheit und dem Bildarsenal im Vor- und Unbewußtsein als befruchtendes Element erhalten bleibt. Die Märchen aber verwenden eine Bildsprache, welche diese Bilder in der kindlichen Seele weckt und belebt. Dieser Belebungsvorgang regt nicht nur die kindliche Fantasietätigkeit an, sondern macht die Kinder im Nebeneffekt zufrieden und ausgeglichen. Ich habe wiederholt beobachtet, daß aus dem seelischen Gleichgewicht geratene Fünfjährige, die plötzlich auf die dümmsten Ideen kamen, Vorhänge und Tischtücher zerschnitten oder durch andere zerstörende Tätigkeiten ihrer „schiefen" Seelensituation Ausdruck verliehen, auf solche Demonstrationen verzichten konnten, wenn ihre Fantasie und ihre Seele mit einem Märchen „beschäftigt" worden sind.

Die bildhafte Sprache der Märchen trifft bei den Kindern – besonders deutlich etwa zwischen dem vierten und siebenten Lebensjahr – auf eine phasenspezifische Sensibilität. Ich habe im Umgang mit diesen Kindern immer wieder die gleiche Erfahrung gemacht und des öfteren davon berichtet.[1]

Um diese Zeit aktivieren die Kinder eine Bewußtseinsschicht, in der bildhaft erlebt und bildhaft gedacht wird. Sie begreifen in dieser Phase über Symbole und Bilder die ganze Welt und ihre hintergründigen Zusammenhänge. Wenn wir Erwachsenen uns nicht darum bemühen, sie auf dieser Bildebene zu erreichen, reden wir nicht nur an dem Fragehorizont und Begreif-Vermögen dieser Kinder vorbei, sondern wir machen sie zu unverstandenen und einsamen Wesen.

Mir selbst ist das Problem vor etwa zwanzig Jahren an folgendem Erlebnis aufgegangen: Wir saßen in guter Stimmung bei Tisch: Vater, Mutter und vier Kinder unter sechs Jahren, dazu zwei erwachsene Gäste. Das Tischgespräch wurde von den Kindern bestimmt, und es ging gerade um Geburtstage. Mit einem Mal gerät der Älteste in seltsame Erregung, und es sprudelt aus ihm heraus: „Einmal wollten der Vater und die Mutter einen Pfirsich essen, und wie sie ihn aufmachen und teilen, da kam ich herausgekrabbelt." – Dieses Kind hatte sich längst bei mir erkundigt, woher die Babies kämen. Es hatte beobachtet, wie seine Geschwister in meinem Bauch gewachsen waren, dem Herzschlag von Ungeborenen gelauscht und die notwendigen Informationen von mir erhalten. Aber ich hatte ihm nur aufklärende Unterweisung und keine Bilder zum Verständnis der umfassenden Wirklichkeit zukommen lassen. Das Bild vom Pfirsich aber hat es ihm angetan. In diesem Bild begriff es eben besser als in meiner aufklärerischen Begriffssprache. In dem Bild von einer schönaussehenden, kugelgestaltigen, saftigen und wohlschmeckenden Frucht, die sich Vater und Mutter teilen, kann eben sehr viel mehr ausgesagt werden als in sachlichen Begriffen. Es stammte übrigens aus einem japanischen Bilderbuch, das ein paar Wochen zuvor ein japanischer Gast mit diesem Kind angeschaut hatte. Wie genau die Bildsprache ins kindliche Verständnis getroffen hat, zeigt seine Mitteilung, die unter Beweis stellt, daß es sie mühelos – und sozusagen gegen oder vielleicht auch neben besseres „Wissen" – annehmen und auf sich selbst anwenden konnte. Für das Kind auf dieser Altersstufe ist die Bildaussage jedenfalls befriedigender als sachliche Mitteilung, die begrifflich vermittelt wird. Nicht nur seine Sinne können durch das Bild aktiviert werden: Gefühl (Samthaut des Pfirsichs), Gesicht (seine schöngestaltete Form, die ansprechenden Farben), Geschmack und Geruch – sondern auch seine Seele belebt sich: denn dort gibt es unter dem Arsenal archetypischer Bilder auch das Bild „Frucht" (ganz gleich ob es nun Apfel oder Pfirsich heißt). Jahrhunderttausendealtes Urwissen hat sich mit diesem Bild verknüpft und wird mit ihm von Generation zu Generation weitervererbt. Wenn es heute viele Menschen gibt, die dieses mit Bildern verknüpfte Urwissen nicht mehr in ihr Tagesbewußtsein bringen können, so ist das noch lange kein Beweis für seine Nicht-Existenz. Unsere Träume

9

bringen nämlich an den Tag, daß dieses Bild-Potential auch in der Tiefenseele des modernen Menschen wirksam ist, und daß es den Drang hat, sich unserem erwachsenen Bewußtsein zu integrieren und einzugestalten.

Die Märchen aber sind Dokumente einer Bewußtseinsphase, in der die Menschen noch keine Not damit hatten, ihr Bild-Potential ins Tagesbewußtsein zu heben, in der ihnen noch selbstverständlich war, sich in Bildern auszusagen und zu verständigen. Deshalb entspricht die bildhafte Sprache der Märchen der Sensibilität der Vorschulkinder für Bild und Symbol. Ja diese stellen für die Kinder eine ihren Bedürfnissen genau entsprechende geistige Nahrung dar, durch welche sie in die Grundfiguren und in die Grunderfahrungen des Lebens eingeführt werden. In den Märchen haben wir eine Sammlung poetisch gestalteter Menschheitserfahrungen vor uns, die immer noch zu faszinieren vermag, weil dort allen Menschen gemeinsame Erfahrungen mittels Bild und Symbol zum Ausdruck gebracht werden.[2]

Begriffliche Vermittlung kann immer nur einen Teilaspekt dessen, was ausgesagt werden soll, ansprechen. Sie setzt zwar bildhafte Erfahrung voraus, läßt diese aber hinter sich. Unser Märchen von den kleinen Äffchen (Seite 47) zum Beispiel ließe sich in eine Aussage pressen wie: „Wer seine Vorsätze vergißt, sobald sich die Situation ändert und nicht lernt vorauszudenken, muß die Konsequenzen am eigenen Leib erleiden." Welch dürres Begriffsgeklapper gegenüber dieser humorvollen Geschichte! – Unsere Sprache hat abstrahierende und verkürzte Chiffren entwickelt, eine Art „Kürzel", mit deren Hilfe sich Erwachsene schnell und vernünftig verständigen können. Das geschieht auf eine vereinfachte und praktische Art, ohne daß die den Begriffen und Chiffren zugrundeliegende seelische Erfahrung sowie der langwierige Abstraktionsprozeß jedesmal wieder neu angesprochen und belebt werden müßte.

Bei kleineren Kindern aber muß zunächst seelische Erfahrung geweckt und der Aufbau des begrifflichen Redens und Verstehens erlebbar gemacht werden. Vernachlässigt man diese Stufen des Erlebens, ja überspringt man die Anbahnung einer seelischen Erlebnisfähigkeit, so kann das verheerende Folgen haben. Erlebnishemmende und bewußtseinsverengende Wirkungen werden sich zeigen. Vielleicht hängt mit solcher „Verengung" des Erlebens die Unfähigkeit heutiger Jugendlicher zusammen, ihre Erlebnisse zu verarbeiten, was Lethargie und Langeweile nach sich zieht. Denn in den Urbildern wurzeln Denken und Sprache, die miteinander verwoben sind. Deshalb bin ich davon überzeugt, daß es heute erforderlich ist, sich die Notwendigkeit bewußt zu machen, mit Kindern zwischen vier und sieben Jahren den Umgang mit den archetypischen Bildern zu pflegen, ja Programme zur Belebung dieser Bilderfahrung zu entwickeln. Mit dieser Märchensammlung unternehme ich einen Versuch in diese Richtung. Mit den hier vorgelegten Anregungen für die Erzieher wollte ich einen Weg aufspüren, auf dem sie sich wieder mit den Bildern auseinandersetzen und erneut Verständnis für die Bedeutung bildhaften Sprechens bei den Kindern dieses Alters gewinnen könnten.

Erzieher und Märchen

Mit den Märchen haben heutzutage weniger die Kinder als wir Erwachsene unsere Schwierigkeiten. Denn wir träumen zwar noch in den gleichen Bildern, wie sie uns die Märchen vorstellen, sind dieser Bilderwelt aber entfremdet. Die wenigsten von uns können die Weisungen, die unser Unbewußtes uns im Traum zukommen läßt, verstehen und Kontakt mit diesem Teil unseres Selbst aufnehmen. Zwischen der Bildersprache unseres Unbewußten und unserem Tagesbewußtsein besteht eine tiefe Kluft, die bei vielen unüberbrückbar zu sein scheint. Das ist nicht weiter verwunderlich, weil unsere Erziehungsprogramme den seelischen Bereich in sträflicher Weise vernachlässigen. Wir sind also darauf angewiesen, uns selbst zu helfen und nach Spuren zu suchen, die uns wieder Zugang zu unserer Tiefe und den dort lebenden Bildern verschaffen. Die Märchen sind ein solcher Weg. Damit wir sie wieder verstehen, bedarf es allerdings eines mühsamen Prozesses des Sicheinlassens, des Hinhörens, des geduldigen Umspielens dieser Bilder. Wenn wir diese Mühe nicht scheuen, haben auch uns Erwachsenen die Märchen viel zu bieten. Aber wir müssen uns zuvor aus dem Vielerlei unserer nach außen gerichteten Impulse wieder sammeln und sensibilisieren für unsere inneren Bedürfnisse. Das wird uns heute gehörig schwer gemacht. Der zivilisatorische Trend verlangt von uns kein Gleichgewicht zwischen Außen und Innen, sondern erfaßt uns mit einem zentrifugalen Sog. Wir brauchen nur außengeleitet angepaßt zu sein, um in unserer Industriegesellschaft zu Erfolg zu kommen: Schulzeugnisse, Examen, Diplome bringen die Leute vorwärtes – nicht in erster

Linie die schwer erfaßbaren Qualitäten, die in einem ständigen Balance-Halten zwischen Außen und Innen, Vordergrund und Hintergrund, Intellekt und Tiefenseele erworben werden. Die Massen werden nicht mehr durch Brauchtum gelenkt, das eine Verbindung zwischen Außen- und Innenwelt herstellte, auch nicht durch moralische Appelle oder meditative Übung, wie sie in den kirchlichen Institutionen gepflegt wurden. Sie werden statt dessen durch Angebote aller Art, von Massenkommunikationsmitteln, Vergnügungsindustrien und Touristikbüros abgelenkt, die dafür sorgen „müssen", daß „Lebensfreudigkeit" erhalten bleibt und daß das seelische Ungleichgewicht nicht etwa in Arbeitsunfähigkeit umschlägt.

Märchen und Seele

Wenn heutige Erzieher den Kindern Märchen erzählen, dann erfüllen sie nicht nur ein kindliches Verlangen, sondern sie schaffen damit erste Voraussetzungen für ein umfassenderes Lebens- und Weltverständnis. Über die Märchen bekommen die Kinder Impulse für die Gestaltung ihres seelischen Gleichgewichts – was den künftigen Erwachsenen sehr zugute kommen wird. Jeder der es versucht hat, weiß, daß man unruhige Kinder innerlich befrieden kann, wenn man ihnen in rechter Atmosphäre erzählt. Sie werden durch die Märchen auf eine ganz spezifische Weise angeregt, innerlich beschäftigt und aktiviert, die man sonst nicht leicht erreichen kann.

Wer also als Erzieher der Hilflosigkeit und Desorientiertheit heutiger Kinder im Hinblick auf ihre seelischen Belange ein wenig steuern will, wird versuchen, ihnen Zugänge zum Volksmärchen zu eröffnen. Denn die Kinder sind weithin im Stich gelassen, wo es um ihr Bild-Bewußtsein geht, das sie als eine Seelenkraft fühlen, die danach drängt, sich durchzusetzen, die genährt und geleitet zu werden verlangt.

Die Förderung dieses Bildbewußtseins ist auch von religiöser Bedeutung. Erleben wir doch heute, daß auch die biblischen Schriften nicht mehr verstanden werden. Sie machen keinen Eindruck, wenn wir von unseren Seelenschichten abgeschnitten sind, in denen die Bilder aufbewahrt sind. Ist es nicht auffällig, daß ein „Wörterbuch biblischer Bilder und Symbole" (M. Lurker, München 1973) unmittelbar brauchbar ist zum Verständnis der Bilder und Symbole im Märchen? Märchen wie biblische Schriften sprechen die gleichen Bilder in uns an – es gibt nicht zweierlei Urbilder, etwa profane und sakrale oder religiöse und a-religiöse. Das Menschheitsgedächtnis enthält nur einen Bilderschatz. Und dieser scheint ein Kraftreservoir zu sein, aus dem noch Kräfte zu entbinden sind.

Soviel kann man jedenfalls heute schon sehen, daß Menschen, die einen Zugang zu ihrer Seelentiefe haben, über mehr Möglichkeiten verfügen, um mit anderen Menschen oder mit Gott in Beziehung zu treten. Eine Kommunikation mit Menschen wie mit Gott, die sich allein auf die rational-intellektuelle Ebene beschränken wollte, würde bald dürr und langweilig werden, ja zusammenschrumpfen, wenn nicht die anderen Bereiche menschlichen Erlebens wie Empfinden, Gefühl und Intuition mit einbezogen würden. Sie allesamt geben erst den Nährboden dafür ab, was wir „Liebe" nennen. Nun kann man aber feststellen, daß gerade die Belebung der Urbilder eine Auswirkung sowohl auf die menschliche Sinnenfreudigkeit wie auf die seelischen Grundkräfte Denken, Fühlen, Empfinden und Intuieren hat. Durch das Bild werden alle diese Fähigkeiten auf einmal angesprochen. Es ist einer Wurzel vergleichbar, die noch alles zusammenfaßt, was sich dann nach obenhin entfaltet.

Wer also kleine Kinder dahingehend fördern möchte, daß sie für eine Erfahrung von Gott vorbereitet werden, der wird ihr Bild-Bewußtsein sorgsam pflegen und behüten. Die Märchen werden sich hierbei als sehr wirksame Helfer erweisen.[3]

Um das Beziehungsgeflecht zwischen Erzieher, Märchen und Kind wieder zu beleben, habe ich versucht, jedes der hier vorgeschlagenen Märchen von der bildhaften Erlebenswelt der Kinder her nachzuempfinden. Die Erzieher mögen sich davon anregen lassen, dies ebenfalls zu tun, denn die Märchen sind unerschöpflich. Keinesfalls ist mit den hier aufgeführten Andeutungen alles ausgesagt. Wer sich die Mühe macht, sich hineinzuvertiefen, wird seinen eigenen Zugang entdecken und damit anderes und Neues sehen. Es geht darum, daß wir wahrnehmen lernen, wie die Kinder von den Märchen gefördert und unterstützt werden in der ihnen und uns allen ständig aufgegebenen Erweiterung unseres Bewußtseins. Unser Bewußtsein erweitert sich, wenn uns etwas zu Bewußtsein kommt. Dieser Prozeß ereignet sich auf verschiedenen Bahnen. Sie kommen von überall her: aus dem Denken, aus dem Fühlen, aus der Empfindung und aus der Intuition. Lassen wir alle Richtungen zu!

13

Vorarbeit des Erziehers

Wenn wir den Kindern ein Märchen erzählen möchten, so wird es notwendig sein, daß wir zuerst eine ganze Zeitlang selbst mit diesem Märchen umgehen. Es genügt nicht, daß wir es am Abend zuvor leise lesen und dann am anderen Tag den Kindern vorlesen oder mit unseren Worten wiedergeben, was wir noch behalten haben. Das kann man zwar tun – aber ein Erzieher, der die Märchen so gleichgültig behandelt, der wird auch vom Märchen gleichgültig behandelt werden: Es wird ihn nicht beschenken, sondern seine Schätze im Kasten verschließen. Doch wir wollen zu entbergen versuchen, was die Märchen uns anzubieten haben – und sie haben etwas zu geben – nur dürfen wir nicht „faul" sein wie die Pechmarie, die zu bequem war, den Baum zu schütteln und die Brote aus dem Ofen zu ziehen. Wie fangen wir es also an, uns zu befleißigen?

Der Grundton eines Märchens

Das erste Gebot beim Erarbeiten eines Märchens ist, ihm unsere Stimme zu leihen. Das heißt in diesem Falle, es laut zu lesen. „Die Märchen sind ein akustisches Phänomen."[4]
Sie sind ursprünglich nämlich nicht über abstrakte Buchstaben an ihre Empfänger gelangt, sondern vom Mund des Erzählers in Ohr und Fantasie der Zuhörer. Davon haftet den Volksmärchen bis heute noch das Besondere an. Sie erschließen sich vor allem als gesprochenes – und nur bruchstückhaft als gelesenes – Wort. Leise gelesene Märchen sind eigentlich wie Schneewittchen im Glassarg: Unlebendig, es fehlt ihnen Leben und Farbigkeit, die durch den Laut – aber nicht durch den Buchstaben – gestaltet werden können. Ein Erzähler kann mit seiner Stimme und auch durch Mimik und Gestik eine Atmosphäre schaffen, die beim leisen Lesen nicht aufkommt, weil das Märchen fürs Sprechen und nicht zum Lesen eingerichtet ist: ihm fehlen nämlich die Beschreibungen, die nötig werden, wenn Geschichten nicht mehr gesprochen, sondern zum Lesen geschrieben werden. Das Volksmärchen ist immer gesprochen und also gehört worden, erst in sehr später Zeit haben Zuhörer es in Schriftzeichen festgehalten. Aber die Schrift hat nicht die Vielfalt in der Tongebung zur Verfügung, die dem Sprechenden zu Gebote steht. So kommt es, daß wir Heuti-

gen uns aus den aufgeschriebenen Märchen zunächst den Grundton ent-
ziffern müssen: ist er humorvoll, heiter oder sachlich, oder ernst, ist er ver-
schmitzt oder beschwörend, unruhig, erregt oder beruhigend, ist er zart
oder derb, lyrisch oder prosaisch, warm oder unterkühlt? Wenn wir das
Märchen mehrmals laut lesen und vielleicht verschiedene Töne an ihm
probieren, so können wir uns ohne große Schwierigkeit den Grundton erhorchen. Beim Herausfinden des Grundtons hilft auch die Vorstellung des
ursprünglichen Erzählers. Wer mag dieses Märchen erzählt haben, als es
so aufgezeichnet wurde? Ein Mann oder eine Frau? An welchem Ort, bzw.
bei welcher Gelegenheit? Männer in der Schenke unter sich – oder eine
Familie auf dem Feld in einer Arbeitspause – bei festlicher Gelegenheit für
eine Festgesellschaft oder Großvater für die Enkelkinder – Mutter den
Töchtern – Großmutter den erbsenpuhlenden Kindern – eine Tante, die
kleine Kinder stillmachen wollte oder ein „fahrender" Erzähler, der von
Ort zu Ort durch die Lande zog …?
Wenn wir uns den Grundton abgelauscht haben, sind wir unserem Märchen schon ein gut Stück nähergekommen. Wir dürfen uns bei dieser Pro-
bier-Arbeit aber nicht dazu verführen lassen, den Klischee-Märchentan-
tenton anzunehmen, den betuliche Radio- oder Märchenplattenerzähler-
innen sich aneignen zu müssen glauben. Er ist eine Zutat von Erzählern,
die nicht imstande sind, im Absehn von sich selbst einen Text abzuhor-
chen. Sie gewöhnen sich einen sogenannten „Märchenton" an, der ihnen
für alle Märchen taugt. Die Märchen selbst aber sind derart unterschied-
lich im Grundton, spiegeln sie doch das Phänomen Leben in solcher Diffe-
renziertheit, daß ihnen ein gleichbleibender „Märchenton" nicht gerecht
werden kann, sondern sie eher in ein kindisches Licht rückt. In einem solchen Fall projiziert aber ein Erzähler seine eigene in irgendeinem Winkel
kindisch-gebliebene Verfassung in die Märchen hinein. Denn sie selbst
sind alles andere als kindisch. Auf sie trifft ein Wort von Matthias Clau-
dius zu, der von seinem „Christlichen Hausvaterbericht" sagte, er sollte
„den Weisen seiner Zeit vorleuchten und zugleich für Kinder sein." Mit
den Märchen ist es heute ähnlich: sie werden unmittelbar von Kindern
und solchen Menschen verstanden, die Lebenserfahrung und damit Le-
bensweisheit zu sammeln vermochten.

Die Bilder eines Märchens

Jedes Märchen lebt von den Bildern, die es verwendet. Aus diesem Grund wird es nötig, daß wir uns – bevor wir den Kindern erzählen – ein wenig mit diesen Bildern befassen. Wir suchen zunächst die wichtigsten Bilder heraus und lassen sie abgelöst von der Geschichte auf uns wirken. Was ist das: Wald ... oder: Berg ... oder: rotes Käppchen ... etc. Wir umspielen ein solches Bild mit unserer Fantasie und nehmen es in unseren Innenraum: Was für ein Wald lebt dort? Wie sieht mein Berg aus, der aus meinem Innern aufsteigt? Was für Gefühle bestimmen mich, wenn ich mich als ein kleines Mädchen mit einem roten Käppchen durch den Wald gehend erlebe?

Nehmen wir eine Geschichte wie die vom süßen Brei als Beispiel. Da ist von einem Topf die Rede, der eine wichtige Rolle spielt. Was ist das, ein Topf? Ein Gefäß, das verschieden gestaltet sein kann, aber auf jeden Fall dazu bestimmt ist, etwas zu enthalten oder im Fall eines Kochtopfes: seinen Inhalt durch Erhitzen garwerden zu lassen. Ein Topf ist ein wichtiges Gerät im Hause – alle, die einmal geflüchtet oder ausgebomt wurden und mit Nichts wieder anfangen mußten, wissen noch, was es bedeutet, einen Topf zu besitzen oder nicht.

Ein anderes Bild in diesem Märchen ist „Brei". Brei ist eine Nahrung, die schon kleinen Kindern und auch alten und kranken Menschen verträglich ist. Der Körner- oder Hirsebrei ist ein Urnahrungsmittel, älter als das Brot, denn den Backofen zum Brotbacken gibt es bei uns erst seit rund dreitausend Jahren. Im Brei hat sich das Naturprodukt Korn und Wasser oder Korn und Milch im Kochprozeß zu etwas Neuem verwandelt, das gut schmeckt und uns nährt.

Als drittes taucht in diesem Märchen als Bildfigur die „Alte im Wald" auf, die alles schon weiß und des Kindes Jammer bereits kennt. Sie zeigt sich hier als Spendende, nährende Große Mutter, die dem Kind aus der Not hilft.

Auch das arme fromme Mädchen kann als Bild-Figur verstanden werden, als Kind nämlich. Kind ist jemand, der angewiesen ist, aber sich allein noch nicht helfen und zurechtfinden kann. Kind ist jemand, der noch unerfahren ist, dem das Wissen – darum wie es im Leben tatsächlich zugeht – noch mangelt. Wer Kind ist, hat noch ein Recht darauf sorglos zu sein, er braucht noch nicht Verantwortung zu tragen, muß noch nicht vorausschauen und Vorsorge treffen.

In einer zweiten Bildschicht taucht im Märchen vom süßen Brei die Überschwemmung als Verheerung auf. Sie ist ein Phänomen des Lebendigen (eine „Lebensfigur"), das in vielen Formen auftreten kann: als Flutwelle am Meer, als Über-die-Ufer-treten von Flüssen, als Giftwelle, die das Lebendige vernichtet, als radioaktive Verseuchung – aber auch im psychischen Bereich: als nicht zu hemmende Traurigkeit, als seelischer Damm-Bruch und nachfolgende Überflutung der Fantasie durch zerstörende Bilder oder Austoben-müssen von Emotionen, als Geisteskrankheit, wenn im Geist eines Menschen das strukturgebende System zusammenbricht und einer regellosen Flutung Raum gibt ... Alle diese Bilder vom Überfließen sind für uns stark gefühlsbesetzt. Hierzulande wird die Vorstellung von Flut und Überschwemmung sicher vor allem angstbesetzt sein – am Nil und in Wüstengegenden werden die Menschen sie als die ersehnte Wohltat erleben. Aber auch wir kennen „Überfließen" als Wohltat und Glück, wenn wir von überfließender Güte oder Freude sprechen ...

Es gehört zur Vorarbeit des Erziehers an einem Märchen, sich zunächst auf diese Bilder einzulassen, sich mit ihnen zu beschäftigen, sie für sich zu meditieren. Es ist das eine wohltuende Beschäftigung. Das innere Betrachten belebt, es regt die Gefühls- und Erlebniskräfte an, und es tut uns in vieler Hinsicht gut, wenn wir solche Bilder – durchsetzt von unseren Schau-, Gefühls- und Erlebnisqualitäten – in unser Erwachsenen-Bewußtsein hineinnehmen. Sie werden viel abstrakt-vertrocknetes Denken wieder frisch und lebendig machen und unsere Fantasie und damit uns selbst beleben. Wer noch ein weiteres tun möchte, kann sich ein solches Bild noch in einer Imaginationsübung erarbeiten. Man setzt sich dazu in möglichst gelöster, d.h. weder in verspannter noch in schlaffer Haltung auf einen Stuhl, schließt die Augen und wartet ab, in welcher Gestalt ein solches Bild vor unserem inneren Auge erscheint. Was für einen Topf sehen wir? Wie ist er gefärbt? In welchem Zusammenhang taucht er auf? Ist er leer oder womit gefüllt? Was kommt uns bei seinem Anblick ins Gefühl? Erleben wir vielleicht etwas mit diesem Topf, weil irgendeine Veränderung geschieht? ...

Wer zum Beispiel an mehreren Tagen hintereinander oder in Zeitabständen diesen Imaginationsversuch mit dem gleichen Bild unternimmt, wird feststellen, daß es keineswegs jedesmal der gleiche „Topf" oder „Wald" ist, sondern daß sich die Imaginationen verändern – sie zeigen eben die lebendige Wandlung unserer Seele und den jeweiligen Seelenzustand an. Es kann dies übrigens eine außerordentlich reizvolle Beschäftigung sein. Sie läßt uns ganz bei uns selbst ankommen und verscheucht die Ermüdung, die durch die vielen optischen Außenreize entsteht.

Wenn wir also eine Zeitlang auf solche Weise mit den Bildern eines Märchens umgegangen sind, dann werden wir gewiß Lust haben, auch in den Kindern diese Bilder zu beleben, und wir werden Einfälle dazu bekommen. Bei Kindern kommt es nicht darauf an, daß wir ihnen „erklären", was ein Topf ist, sondern daß sie Gelegenheit haben, das Phänomen „Topf" in Muße und mit schauendem Bewußtsein zu erleben. Wir regen sie also beispielsweise an, verschiedene Töpfe mitzubringen, lassen sie Größen und Formen vergleichen, wir lassen sie mit Töpfen hantieren, sie als Gerät zum Aufbewahren, zum Erwärmen oder Kochen benutzen (nicht ohne Aufsicht!). Wenn sie sich so ein paar Tage lang auf bewußtseinserweiternde Art mit dem Gerät „Topf" vertrautgemacht haben, könnten wir in kleinen Gruppen einen Hirse- oder Schrotbrei kochen (oder auch Grießbrei) und anschließend ein gemeinsames Essen veranstalten. Auf diese Weise bekommen sie die Bilder „Topf" und „Brei" neu ins Bewußtsein. Sie können diese Bilder mit emotionalen Qualitäten besetzen und haben Spaß daran. Wenn wir dann das Märchen vom süßen Brei erzählen, dann werden sie ganz anders beteiligt sein, als wenn wir das unvorbereitet tun.

Wirkung des Märchens auf die Kinder

Ein Erzieher sollte sich Gedanken darüber machen, was er in einem Kind bewirkt. Es ist nicht möglich, das genau zu ermitteln und vorauszuahnen, weil ein Mensch ein viel zu kompliziertes Wesen ist. Aber es wird gut sein, wenn wir vorauszutasten versuchen, wie unser Märchen auf die Kinder wirken mag und welche Eindrücke sich der kindlichen Seele einprägen mögen, die vielleicht an der Struktur seines Lebens mitbauen werden. Aus diesem Grunde habe ich im 3. Abschnitt meines Erarbeitungsschemas zu jedem Märchen eine Beschreibung der möglichen Wirkung im vor-rationalen Bewußtsein der Kinder versucht. Ich habe mich gefragt: Was erhört sich ein Kind zum Beispiel aus dieser Geschichte? Welche unterschwelligen Eindrücke werden es prägen? Welche Anregung und Weisung wird es aufnehmen, noch ohne daß es sie bedenken kann? – Kinder speichern solche Eindrücke. Wenn sie sich später einmal in vergleichbaren Situationen befinden, wie sie sie im Märchen hörend erlebt haben, dann werden sie sich er-innern, d.h. aus ihrem Innern wird eine bestimmte Welt-Anschauung und Erkenntnis aufsteigen und eine Handlungsabsicht belebt werden, die sie sich damals im Zuhören und Miterleben angeeignet haben.

Ethische Orientierung

In einem vierten Abschnitt versuche ich noch einmal eigens den vom Märchen ausgehenden ethischen Ansatz zu umschreiben. Kinder sind eines solchen Ansatzes dringend bedürftig. Denn sie befinden sich mit ihrem Leben wie in einem Dschungel. Sie brauchen einen Weg. Sie suchen Markierungen. Sie wollen sich Spuren bahnen und verlangen nach verläßlichen Wegweisern. Es geht ihnen mit ihrer Lebensaufgabe wie jemandem, der in fremdem Land einen Ort erreichen will und deshalb auf Wege und Wegweiser oder Kompaß und Sterne zur Orientierung angewiesen ist. So suchen auch Kinder eine Orientierung. Ihr Ziel ist, auch erwachsen zu werden. Deshalb möchten sie selbst Maßstäbe gewinnen. Sie haben das Bedürfnis, sich selbst zurechtfinden zu lernen.
Ihre unausgesprochenen Fragen lauten zum Beispiel: Wo komme ich her? – Wo gehe ich hin? – Was habe ich zu erwarten? – Worauf muß ich mich gefaßt machen? – Wonach kann ich mich ausrichten? – Auf was mich verlassen? – Was ist gut? – Was ist böse? – Wie soll ich sein? – Auf was muß ich achten? – Wie wird man erwachsen? – Wie wird man ein Mann? – Wie wird man eine Frau? – Wie kommt man zum Glück? –
Für diese kindlichen Orientierungsbedürfnisse haben die Volksmärchen die verschiedensten Angebote, aus denen ein Kind – entsprechend seinen Vorerfahrungen und seinen Umwelteinflüssen – auswählt. Es versucht so, allmählich einen Standpunkt zu beziehen und einen Vor-Entwurf für sein Lebensprogramm zu machen. Das scheint eine notwendige Lebens- und Orientierungsstütze zu sein.
In den letzten Jahrzehnten ist von Psychologen erforscht worden, daß jeder von uns sich in früher Kindheit einen solchen Vorentwurf angeeignet

und damit seinem Leben einen Rahmen geschaffen hat. In der sogenannten Skript-Analyse wird solchen Lebensprogrammen nachgegangen. Sie können von den Erwachsenen noch bearbeitet und verändert werden, was besonders dann notwendig sein wird, wenn ein solches Lebens-Skript zu negativ-verengend ausgefallen ist.

Aus solchen Forschungen läßt sich ersehen, daß ein Erzieher, der die Kinder mit Volksmärchen vertraut macht, ihnen ein Bild- und damit ein Bilde- und Bildungs-Angebot zugänglich macht, das bei den Kindern auf ein tatsächliches Bedürfnis stößt.

Hinweise zum Symbolverständnis

Wenn ich Erwachsenen Märchen erzähle, so begegne ich den unterschiedlichsten Reaktionen. Es gibt Menschen, die sofort an einem „Verstehen" partizipieren. Wenn sie jemand fragte, könnten sie wahrscheinlich nicht sofort zum Ausdruck bringen, was sie verstanden haben, was sie beeindruckt und gefangengenommen hat. Aber sie haben sich unmittelbar angesprochen gefühlt und konnten ein inneres Echo geben. Meist sind das künstlerisch und musisch begabte Menschen, in denen die Märchen mit ihren Bildern sofort eine Bewegung auslösen. Andere sind beeindruckt, können sich aber diesem Eindruck nicht unmittelbar hingeben. Sie fangen an zu denken: „Was bedeutet das?" und kommen oft auf dieser Spur nicht sehr weit. Sie möchten dann, daß man ihnen die Märchen in ihrer Bedeutung erklärt.

Wieder andere – zum Glück begegnen sie mir nicht oft – sind fast unansprechbar. Sie wissen im voraus, daß Märchen „Lügengeschichten" sind, daß es diese Art von „Wunderwelt" nicht gibt und ihr Interesse besteht höchstens darin, zu opponieren und bloßzulegen, wie falsch diese Welt ist, die von den Märchen geschildert wird.

Die von mir grob skizzierten Haltungen dem Märchen gegenüber zeigen an, daß die Fähigkeit, Bilder spontan zu verstehen, bei den einzelnen Menschen verschieden ausgebildet ist. Das hängt damit zusammen, daß sich im Europa der letzten zweihundert Jahre das Hauptinteresse der Menschen von den Bildern und Symbolen ab – und einer mehr rationalen Erkenntnisweise zuwandte, wie sie vor allem in den Naturwissenschaften ausgebildet worden ist. Unser gut organisiertes Schulsystem ist ganz auf diese Denkart ausgerichtet worden, so daß das ursprüngliche Bildwissen fast abgestorben ist. Inzwischen hat sich aber deutlich genug herausgestellt, daß die einseitig diskursive Denkweise die Menschen verarmen läßt, ja zu „Monstren" veröden lassen könnte. Deshalb setzt eine Gegenbewegung ein, auf der sich auch dieser Versuch bewegt, die Märchen wieder in lebendige Schau und Erkenntnis zu bringen.

In den letzten Jahren sind – einem entstandenen Bedürfnis zufolge – mehrere Bilder und Symbol-Lexika erschienen. Mir liegen vor:

Bruno P. Schliephacke, Bildersprache der Seele, Berlin 1970 (Abkürzung Schl.)

Manfred Lurker, Wörterbuch biblischer Bilder und Symbole, München 1973 (Abkürzung MLB)

ders. Götter und Symbole der alten Ägypter, München 1974[2] (Abkürzung MLÄ)

Gerd Heinz-Mohr, Lexikon der Symbole, Bilder und Zeichen der christlichen Kunst, Düsseldorf. Köln 1974[3] (Abkürzung GHM)

Unter Benutzung dieser Lexika – vor allem aber einem Symbolverständnis folgend, das schon Ende der Vierziger, Anfang der Fünfziger Jahre durch viele Vorträge und Schriften des Schriftstellers und Symbolforschers Alfons Rosenberg in mir geweckt wurde[5] – habe ich bei den infragekommenden Märchen ein fünftes Kapitel mit „Hinweisen zum Symbolverständnis" erarbeitet. Es ist zur Anregung der Erzieherfantasie gedacht und soll dazu beitragen, dem hintergründigen Sinn unserer Volksmärchen wenigstens ein wenig näher zu kommen.

Die Praxis des Erzählens

Die hörbereite Atmosphäre

Wenn in einer Kindergruppe ein Märchen erzählt wird, sollten die Kinder dies als etwas Besonderes empfinden. Das heißt, die Stimmung in der Gruppe darf nicht chaotisch sein, sondern so gestaltet, daß die Kinder gerne hören wollen. Das gilt für jegliches Erzählen. Nur da, wo eine Hörbereitschaft vorhanden ist, kann man erzählen. Zu dieser Bereitschaft gehört eine gewisse Muße und Erwartung, die im Raum vorhanden sein müssen. Jede Gruppenleiterin weiß selbst am besten, wie sie eine solche Atmosphäre herstellen kann und welche Tageszeit dafür am günstigsten ist. Sie sollte sich selbst auch nicht unter Druck setzen und zum Beispiel in eine unruhige Gruppensituation hinein ein Märchen erzählen, nur weil sie es sich gerade für diesen Tag vorgenommen hatte. Wenn die Kinder gerade mit anderen Erlebnissen beschäftigt sind, ist es besser, den nächsten Tag abzuwarten. – Es wird sich wahrscheinlich auch ungünstig auswirken, wenn die Kinder allzulange auf das Erzählen hingespannt werden: „Wenn ihr heute brav seid, dann erzähl ich euch auch ein Märchen …" Auch Drohungen wie: „Wenn ihr nicht friedlicher miteinander umgeht, bekommt ihr heute kein Märchen …" sind unangebracht. Wenn der Erzieher sich selbst aufs Erzählen freut und ruhige Gelassenheit ausstrahlt, wird das auch auf die Kinder wirken.

Der Erzählvorgang

Märchen sollten eigentlich ohne Buch erzählt werden. Aber nicht jeder traut sich das zu. Also wird es besser sein, ein Buch zuhilfe zu nehmen als auf die Märchen ganz zu verzichten. Vieles lernen wir eben langsam und gerade durch das Praktizieren. Überfordern wir uns nicht, sonst besteht Gefahr, die Flinte ins Korn zu werfen. Wer sich unsicher fühlt, nimmt erst einmal das Märchenbuch zur Hand. Wichtig ist vor allem, daß er selbst sich schon geraume Zeit mit dem Märchen beschäftigt hat und dadurch „weiß", was er tut. Für den Erzieher ist wichtig, daß er beim Vorlesen oder Erzählen den Kontakt mit den Kindern behalten kann. Er wird sie anschauen, in ihre Augen und Gesichter hineinsprechen und so seelische Verbindung mit ihnen aufnehmen. Dieser intensive Kontakt bewahrt den Erzähler davor, sich wie ein Elefant im Porzellanladen zu benehmen. Wenn er sieht, daß jemand den Daumen in den Mund steckt, dann weiß er: dieses Kind fühlt sich jetzt ungeborgen. Auch andere Reflexhandlungen wie wackeln oder in etwas beißen müssen zeigen eine Betroffenheit an, mit der jemand nicht fertig wird. Das will beachtet sein. Der Ausdruck der zuhörenden Kinder hilft dem Erzieher, sich vor Übertreibungen in Ton, Gestik und Mimik zu hüten. Kinder unter sechs Jahren sind zarte Pflänzchen, man darf mit ihren Empfindungen und Gefühlen kein loses

Spiel treiben. – Wenn der Erzähler sich darüber im klaren ist, daß er für die Kinder erzählt und nicht, um sich selbst zu produzieren oder um sich eine Befriedigung zu verschaffen, dann wird er auch aus einer rechten Haltung heraus sein Märchen sprechen können.

Nach dem Erzählen

Wenn das Märchen zu Ende ist, sollte die Sammlung der Kinder noch ein wenig anhalten, damit „sich setzen" kann, was sie gehört haben. Es sollte dann die Möglichkeit gegeben sein, daß sie sich äußern können, dazu aber gehört Ruhe, man muß noch etwas zusammen sitzen bleiben. Wenn die Kinder nicht von selbst sprechen, könnte man eine Reiz-Frage stellen, damit sie aus sich herauskönnen. Gerade wenn die kindlichen Gefühle durch ein Märchen stark beteiligt worden sind, trägt eine nachfolgende Unterhaltung dazu bei, daß entstandene „Knoten" sich lösen können. Lösung kann auch durch Lied oder Bewegungsspiel, durch Chorsprechen (zum Beispiel eines Verses, der sich wiederholt hat) oder Rollenspiel herbeigeführt werden.

Wie oft soll man erzählen?

Bei unseren Kindern müssen wir darauf achten, daß nicht ein Eindruck den anderen jagt. „Gut Ding will Weile haben" sagt das Sprichwort, und die Weile und das Verweilen ist in der Gegenwart besonders bedroht, so daß sie die besondere Aufmerksamkeit der Erzieher herausfordern.
Aus den didaktischen Hinweisen ergibt sich, daß ein Märchen eine Zeitlang vorbereitet werden sollte, und daß die Kinder eine Weile brauchen, um es zu verarbeiten. Gönnen wir ihnen diese Zeit. Für gewöhnlich signalisieren uns die Kinder selbst, wie lange sie die Eindrücke eines Märchens beschäftigen: sie verlangen immer wieder nach dem gleichen Märchen, solange, bis sie sich zueigen gemacht haben, was sie erregt hat. Auf dieses Verlangen sollen wir hören und die Wiederholungswünsche erfüllen. Es dürfen ruhig ein paar Wochen vergehen, ehe das nächste Märchen drankommt. Öfter als einmal in der Woche ein neues Märchen zu erzählen würde ich im Kindergarten nicht für geraten halten.

Kinder leben normalerweise mit den Jahreszeiten mit. Der Jahreslauf hat für sie hohe Bedeutung. An der regelmäßigen Wiederkehr lernen sie sich zu orten, sie gewinnen einen Halt im Unendlichen, Grenzenlosen. Jeder Erzieher wird deshalb die jeweilige Jahreszeit in sein Programm einbeziehen. Auch bei den Märchen muß man in dieser Beziehung einfühlsam sein. Nicht jedes Märchen ist jederzeit zu erzählen. Im Sommer, wenn die Kinder Badefreuden genießen, sind sie nicht dafür empfänglich, ein Märchen zu hören, das ihnen Kälte und Schnee ins Gefühl bringen will wie z. B. „Der goldene Schlüssel". Und Rotkäppchen, das die Vögel singen hört und einen Blumenstrauß pflückt, ist kein Märchen für die Weihnachtszeit. – Ich habe bei jedem Märchen eine Angabe gemacht, die sich auf den günstigsten Zeitpunkt bezieht, zu dem es erzählt werden kann.

Illustrationen

Zum Schluß soll noch etwas zu Illustrationen und Märchenbildern gesagt werden. Es gibt sehr schöne Illustrationen, aber nie sollten wir sie unseren Kindern vor dem Erzählen zeigen. Sie sollen die Möglichkeit haben, sich zunächst ihre eigenen Vorstellungen zu machen und ihre Fantasie ins Spiel zu bringen. Lassen wir sie ruhig auch zuerst selbst malen – einzeln oder in Gemeinschaft – danach können wir ihnen auch zeigen, wie sich jemand anders das Märchen vorgestellt hat.

Die Märchen

Märchen von der Unke

Unke ruft: „Huhu, huhu", Kind spricht: „Komm herut." Die Unke kommt hervor, da fragt das Kind nach seinem Schwesterchen: „Hast du Rotstrümpfchen nicht gesehn?" Unke sagt: „Ne, ik og nit: wie du denn? Huhu, huhu, huhu."

Grimm, Märchen Nr. 105, III

Günstigste Jahreszeit zum Erzählen: etwa Frühsommer

26

Dieses kurze Märchen ist ein typisches Kleinkindmärchen. Es ist in seiner Form so ein-fach, so bildhaft und klar gezeichnet, daß es schon von kleinen Kindern aufgenommen werden kann, obwohl es eine Aussagekraft besitzt, die das kindliche Fassungsvermögen noch weit überschreitet. Denn so harmlos diese Begegnung von Kind und Unke klingen mag, soviel Tiefgang hat sie.

Der Grundton

Um dahinterzukommen, was dieses kurze Märchen den Kindern bieten könnte, sollte sich ein Erzieher diese Geschichte zunächst mehrmals laut vorsprechen und dabei eine Haltung einnehmen, in der er sich selbst zuhören kann: Wie soll dieses „Huhu" klingen? ... Wie darf es nicht klingen? ... (zum Beispiel keinesfalls bedrohend) ... Wie mag ein Kind, das auf die Unke aufmerksam geworden ist, seine Aufforderung und seine Frage sprechen? ... Wie könnte der Grundton dieser Geschichte charakterisiert werden? – Ich würde ihn „schwebend" nennen – weil alles offen, weil alles in der Schwebe bleibt.

Die Bilder

Unser Märchen gebraucht vor allem zwei Bilder: „Unke" und „Kind". Wir könnten auch noch den Bereich, aus dem die Unke hervorkommt, einen „Teich" und „Rotstrümpfchen" als Bilder verstehen, die dieses Märchen ins Spiel bringt.
Davon was „Kind"-sein bedeutet, haben die Kinder genug Erfahrung, und jedes seine eigene. Es erübrigt sich, darauf besonders einzugehen. Anders steht es mit der Unke. Es wird nötig sein, daß die Kinder dieses Tier kennenlernen.[6]
Bevor wir ihnen dieses Märchen erzählen, werden wir sie also nach Möglichkeit an einen Teich führen und sie dort ihre Beobachtungen machen lassen. (Sollte das nicht möglich sein, muß man sich mit Berichten behelfen, die die Kinder von ihren Teich-Erlebnissen geben können.) – Am Tag nach einem solchen Ausflug lassen wir die Kinder erzählen: Was haben wir gesehen ... gehört ... gerochen ...
Im Anschluß daran ließe sich eine kleine Imaginationsübung machen:

„Vielleicht könnt ihr den Teich jetzt noch sehen, wenn ihr die Augen schließt? Versucht es einmal! ..."

Wenn dann alles, was in und um Teiche wächst und lebt, wieder in ihre Erinnerung gekommen ist, dann erzählen wir ihnen, daß in manchen Teichen tief unten im Schlamm die Unken leben. Man sieht sie nicht, aber man kann sie hören. In Sommernächten rufen sie manchmal die halbe Nacht ihr Huhu oder Unkunk.

Wirkung auf die Kinder

Meine Erfahrung ist, daß Vorschulkinder von diesem kurzen Märchen sehr stark angesprochen werden. Ich habe davon schon berichtet.[7] Was mag es sein, das die Kinder so stark berührt?

Dieses Märchen schildert vor allem eine Begegnung. Die beiden Partner dieser Begegnung sind in die Bilder (oder: in die Erscheinung) „Unke" und „Kind" gefaßt. Allein von der Stimme her klingt die Unke tief, dumpf, bedächtig, das Kind aber hell, hoch und energisch. Wir ahnen, daß ein zuhörendes Kind die Begegnung von Gegensätzen erleben mag. Die Gegensatzpaare, die dieses Märchen schildert, sind zum Beispiel:

Dunkel – hell

Alt – jung

Weisheit – Neugierde

zu ergründendes Unbekanntes (die Unke wird ja zunächst nur gehört) – Bekanntes.

Das Unbekannte läßt sich rufen und tritt in Erscheinung – so lernt das Kind im Zuhören – man kann seine bedrängenden Fragen stellen. Aber Unken, die aus der Tiefe steigen, geben „Unkenantworten": „Ich bin schon so alt und komme aus der Tiefe – aber ich weiß es nicht. Wie willst du es wissen?" Und in den letzten „Huhu"-Lautungen des Erzählers könnte eine noch unbewußte meditative Erkenntnis des Kindes mit in Laut gebracht werden: „Aha, es gibt Dinge, die lassen sich nicht blitzschnell und durch Zugriff erfassen, wenn man gerade will. Manches muß man abwarten können, manchem muß man auf der Spur bleiben ... die Sinne offenhalten ... sehen, was kommt und sich ereignet ..." Gerade die „Schwebe", die durch die – im rationalen Sinn – unklare Antwort der Unke entsteht und in den drei letzten Unkenrufen mitklingt, mag für das

Kind einen besonderen Reiz haben. Bringt sie doch keinen Schlußpunkt, der weiteres Forschen unnötig macht, sondern signalisiert eine Aufforderung: Bleib aufmerksam! Nimm alles wahr, bis du erfährst, was du wissen möchtest.

Erwachsene – und überhaupt heutige Pädagogen – meinen gern, sie machen Kinder vollends zufrieden und glücklich, wenn sie ihnen klipp und klar alles Wichtige sagen und erklären. Sie bemerken nicht, daß sie die Kinder damit arm machen: arm an Neugierde, arm an Fantasie, arm an Erwartung, arm an Geheimnishaftem. – Das Leben aber ist an sich nicht arm, sondern reich, nicht ein-deutig, sondern vieldeutig, nicht ein-schichtig, sondern vielschichtig, nicht geheimnislos, sondern voller Verborgenheiten, die noch ent-deckt werden wollen. Die Märchen wissen davon, und im Zuhören erfahren die Kinder dieses „Wissen".

Ethische Orientierung

Es gibt Dunkles. Es gibt Fremdes, Unbekanntes. Man soll es rufen. Man soll es befragen. Es antwortet.
Man muß hinhören – bis man verstehen kann ...

Hinweise zum Symbolverständnis

Unke
Die Unken gehören wie Frösche und Kröten zur Froschlurchgattung. Sie leben meist im Wasser und fallen durch ihren dumpfen Ruf auf, den man hören kann, ohne die Unken zu sehen.

Kind
Das Kind ist dem Ursprung näher als die Erwachsenen. Es lebt aus unverbrauchten Kräften, „trägt die Kräfte des Ursprungs in die Zukunft" und „ist Symbol der Entfaltung, des Werdens" (MLÄ)

Teich
Der Teich ist ein überschaubares Gewässer voller Leben, das unter dem Wasserspiegel im Verborgenen liegt. „Alles Leben kommt aus dem Wasser" lehrte schon Thales von Milet. „Im Wasser sind Leben und Tod nahe beisammen" (MLB) „Wasser ist das Sinnbild der noch-nicht-geformten, gestaltsuchenden Kräfte" (Schl).

Läuschen und Flöhchen

Ein Läuschen und ein Flöhchen, die lebten zusammen in einem Haushalte und brauten das Bier in einer Eierschale. Da fiel das Läuschen hinein und verbrannte sich. Darüber fing das Flöhchen an laut zu schreien. Da sprach die kleine Stubentüre: „Was schreist du, Flöhchen?" „Weil Läuschen sich verbrannt hat."

Da fing das Türchen an zu knarren. Da sprach ein Besenchen in der Ecke: „Was knarrst du, Türchen?" „Soll ich nicht knarren?

> Läuschen hat sich verbrannt,
> Flöhchen weint."

Da fing das Besenchen an entsetzlich zu kehren. Da kam ein Wägelchen vorbei und sprach: „Was kehrst du, Besenchen?" „Soll ich nicht kehren?

> Läuschen hat sich verbrannt,
> Flöhchen weint,
> Türchen knarrt."

Da sprach das Wägelchen: „So will ich rennen", und fing an entsetzlich zu rennen. Da sprach das Mistchen, an dem es vorbeirannte: „Was rennst du, Wägelchen?" „Soll ich nicht rennen?

> Läuschen hat sich verbrannt,
> Flöhchen weint,
> Türchen knarrt,
> Besenchen kehrt."

Da sprach das Mistchen: „So will ich entsetzlich brennen", und fing an in hellem Feuer zu brennen. Da stand ein Bäumchen neben dem Mistchen, das sprach: „Mistchen, was brennst du?" „Soll ich nicht brennen?

> Läuschen hat sich verbrannt,
> Flöhchen weint,
> Türchen knarrt,
> Besenchen kehrt,
> Wägelchen rennt."

Da sprach das Bäumchen, „So will ich mich schütteln", und fing an sich zu schütteln, daß all seine Blätter abfielen. Das sah ein Mädchen, das mit seinem Wasserkrügelchen herankam, und sprach: „Bäumchen, was schüttelst du dich?" „Soll ich mich nicht schütteln?

> Läuschen hat sich verbrannt,
> Flöhchen weint,
> Türchen knarrt,
> Besenchen kehrt,
> Wägelchen rennt,
> Mistchen brennt."

Da sprach das Mädchen: „So will ich mein Wasserkrügelchen zerbrechen", und zerbrach das Wasserkrügelchen. Da sprach das Brünnlein, aus dem das Wasser quoll: „Mädchen, was zerbrichst du dein Wasserkrügelchen?" „Soll ich mein Wasserkrügelchen nicht zerbrechen?

> Läuschen hat sich verbrannt,
> Flöhchen weint,
> Türchen knarrt,
> Besenchen kehrt,
> Wägelchen rennt,
> Mistchen brennt,
> Bäumchen schüttelt sich."

„Ei", sagte das Brünnchen, „so will ich anfangen zu fließen", und fing entsetzlich an zu fließen. Und in dem Wasser ist alles ertrunken, das Mädchen, das Bäumchen, das Mistchen, das

Wägelchen, das Besenchen, das Türchen, das Flöhchen, das Läuschen, alles miteinander.

Grimm, Nr. 30

Jahreszeitlich kaum gebunden. Nur bei starkem Frost wäre das Erzählen ungünstig, weil dann das Brünnlein keine Überschwemmung – sondern Eis – verursachen würde.

Auch das Märchen von Läuschen und Flöhchen ist ein Kindermärchen, obwohl es einen völlig anderen Charakter hat als das Unkenmärchen. Beschränkte sich das Märchen von der Unke im Wesentlichen auf zwei Bilder, so verwendet dieses Märchen eine Fülle von Bildern, die aber nur gerade angesprochen werden und in einer verspielten Schwebe bleiben. Diesem Märchen kommt es im Hinblick auf die Kinder weniger auf „Tiefgang" als vielmehr auf Spiel und Spaß an, die den Ernst vorerst noch verbergen.

Der Grundton

Der Erzieher wird sich auch dieses Märchen zunächst mehrmals laut vorsprechen und die verschiedensten Töne versuchen: heiter-fließend, tiefernst-dramatisch, naiv-einfältig. Nachdem die verschiedensten Sprechtöne versucht worden sind, wird zu überlegen sein: Welchen Ton meint wohl dieses Märchen? … Ich meine, daß diesem Märchen ein im schönen Sinn naiv-einfältiger Ton eignet, der etwas Schwebendes an sich hat: Soll man lachen oder weinen? Der Grundton trifft keine Entscheidung – er stellt das Geschehen nur vor. – Mit winzig kleinen Tierchen: Läuschen und Flöhchen, die man kaum sehen kann, beginnt die Geschichte. Dann werden die beteiligten Dinge immer größer. Das könnte zum Beispiel auch in der Stimme zum Ausdruck kommen: Wenn Läuschen und Flöhchen Töne von sich gäben, würden sie vermutlich eine hohe Schwingungszahl haben, also hoch klingen, während ein Türchen in einer tieferen Lage knarrt. Auch die Aktivitäten werden immer heftiger. Ein wenig davon darf ruhig in dem Erzählten zum Ausdruck kommen. Allerdings muß der unantastbar naive Ton bis zu Ende beibehalten werden. Es darf nicht etwa im Schlußsatz ein todernstes Drama aus der Geschichte gemacht werden. Sondern er muß ganz leicht kommen, etwa in naiv-weiser „Ja-so-ist-das"- Manier: So geht's eben zu auf der Welt.

Die Bilder

Dieses Märchen hat Bilder die Fülle. Aber sie werden – jedenfalls meinem Empfinden nach – nicht sonderlich tiefgründig angesprochen. Die Menge der Bilder schwächt ihre Wirkung ab. Das wird noch durch die Wiederholungskette verstärkt, die etwas Verspieltes in die Sache bringt.

Das Hauptbild scheint mir die Linie des langsam anschwellenden Auf und das rasche Abfallen zu sein. Ein „graphisches" Bild also – das im Gefühl der Zuhörer eine Lebensfigur erlebbar macht, wie sie sich oft und oft ereignet und für das Auge zum Beispiel besonders eindrucksvoll in der Brandungswelle schaubar wird. In unseren Emotionen kennen wir alle diese Figur: es schwillt etwas an – unter Umständen bedrohlich – und wenn ein Höhepunkt erreicht ist, dann kippt die Richtung um: das Aufsteigen wird ein Abfallen.

Die Kinder werden diese Auf- und Ab-Bewegung spontan mitfühlen, ohne daß es nötig wäre, sie auf besondere Weise einzuführen. Auch die in der Verskette auftauchenden Bilder werden ihnen geläufig sein – bis auf das „Mistchen", das vielleicht vor dem Erzählen ihrem Bilder-Schatz eingefügt werden sollte.

Wirkung auf die Kinder

Kinder haben spontan Spaß an diesem Märchen, weil es etwas Heiter-Fragwürdiges an sich hat. Wenn der Erzähler ihnen Raum läßt, werden sie bald versuchen, die Verskette „Läuschen hat sich verbrannt..." im Kopf zu behalten und mitzusprechen. Insofern hat dieses Märchen auch noch einen Gedächtnis einübenden Nebeneffekt. Dazu kommt, daß dieses Spiel mit der Verskette eine gewisse Gefühlsschulung unternimmt: Flöhchen fühlt mit Läuschen und muß weinen, das bringt sogar eine Tür in Bewegung, sie fängt an zu knarren, Besenchen, Wägelchen, Mistchen, sie alle nehmen die Erregung auf und reagieren. So schwillt der Vers immer mehr an, er wird länger, eindrucksvoller und einerseits intensiver, andererseits wird die Intensität durch die Wiederholung des Ganzen auch wieder abgeschwächt – also keine Tragödie aus der Sache gemacht, obwohl ein „Aufstand der Dinge" inszeniert und eine Verkettung von Umständen, die zu einer Lawine ausartet, vor unserem inneren Auge geschildert wird. Es ist, als ginge ein Thema oder ein Ton von einem Ding zum anderen, jedes nimmt den Ton auf, variiert ihn und fügt ihn gewissermaßen zu einem neuentstehenden, sich ständig vergrößernden Etwas. Und als dieses neuentstandene Etwas groß genug aufgebaut ist, kommt das Brünnchen, verursacht eine Überschwemmung und bringt das ganze Gebäude zum Einsturz. Die Linie dieses Märchens könnte einem Turm verglichen werden, den Kinder Klotz um Klotz aufbauen, solange, bis er aus der Balance gerät und einstürzt. Dieses Märchen hat eine spielerische Gegenbewegung in sich.

Die Kinder werden im Zuhören in die Lage versetzt, dieses Spiel des sich langsam steigernden Auf und des sich rasch ereignenden Ab in ihr Gefühl und Empfinden aufzunehmen. Es ist dies gewissermaßen eine kindgemäße Meditation von Lebensvorgängen, die sich eben gerade so abspielen.

Ethische Orientierung

Wahrscheinlich erlebt das Kind ambivalent. Einerseits: Man darf nicht überall mitmachen. Es geht nicht gut aus, wenn eins sich vom andern mitreißen läßt ... Dann kann nur noch ein Unglück eine Lösung bringen ... Andererseits: Eine tröpfelnde Quelle kann ein Bächlein werden, ein Bächlein zum Fluß anschwellen, ein Fluß sich in einen Strom verwandeln, ein Strom sich ins Meer ergießen, ... So ist's – und so scheint's gut zu sein ...

Hinweise zum Symbolverständnis

Läuschen und Flöhchen

Läuschen und Flöhchen sind Tiere, die sich einem „in den Pelz setzen" und einen plagen. Man möchte sie loswerden und läßt sich lausen oder laust sich selbst. Wenn sie hier zu den Haupt-Akteuren werden, so zeigt sich schon darin der Schalk des Erzählers.

Auch die anderen Bilder: *Tür, Besen, Wagen, Mist, Baum und Brunnen* sind äußerst symbolträchtig. Sie sollen hier aber nicht behandelt werden, weil sie in dieser Bedeutung das Märchen überfrachten und damit zerstören würden.

Von dem Mäuschen, dem Vögelchen und der Bratwurst

Es waren einmal ein Mäuschen, ein Vögelchen und eine Bratwurst in Gesellschaft geraten, hatten einen Haushalt geführt, lange wohl und köstlich in Frieden gelebt, und trefflich an Gütern zugenommen. Des Vögelchens Arbeit war, daß es täglich in den Wald fliegen und Holz beibringen mußte. Die Maus sollte Wasser tragen, Feuer anmachen und den Tisch decken, die Bratwurst aber sollte kochen.

Wem zu wohl ist, den gelüstet immer nach neuen Dingen! Also eines Tages stieß dem Vöglein unterwegs ein anderer Vogel auf, dem es seine treffliche Gelegenheit erzählte und rühmte. Derselbe andere Vogel schalt es aber einen armen Tropf, der große Arbeit, die beiden zu Hause aber gute Tage hätten. Denn wenn die Maus ihr Feuer angemacht und Wasser getragen hatte, so begab sie sich in ihr Kämmerlein zur Ruhe, bis man sie hieß den Tisch decken. Und Würstlein blieb beim Hafen, sah zu, daß die Speise wohl kochte, und wenn es bald Essenszeit war, schlingte es sich einmal viere durch den Brei oder das Gemüs, so war es geschmalzen, gesalzen und bereitet. Kam dann das Vöglein heim und legte seine Bürde ab, so saßen sie zu Tisch, und nach gehabtem Mahl schliefen sie sich die Haut voll bis den andern Morgen; und das war ein herrlich Leben.

Das Vöglein anderes Tages wollte aus Anstiftung nicht mehr ins Holz, sprechend, es wäre lang genug Knecht gewesen, und hätte gleichsam ihr Narr sein müssen, sie sollten einmal umwechseln und es auf eine andere Weise auch versuchen. Und wiewohl die Maus und auch die Bratwurst heftig dafür bat, so war der Vogel doch Meister: es mußte gewagt sein, spieleten derowegen, und kam das Los auf die Bratwurst, die mußte

Holz tragen, die Maus ward Koch, und der Vogel sollte Wasser holen.

Was geschieht? Das Bratwürstchen zog fort gen Holz, das Vöglein machte Feuer an, die Maus stellte den Topf zu, und erwarteten allein, bis Bratwürstchen heimkäme und Holz für den andern Tag brächte. Es blieb aber das Würstlein so lang unterwegs, daß ihnen beiden nichts Gutes vorkam (bedeutete), und das Vöglein ein Stück Luft hinaus entgegenflog. Unfern aber findet es einen Hund am Weg, der das arme Bratwürstlein als freie Beut' angetroffen, angepackt und niedergemacht. Das Vöglein beschwerte sich auch dessen als eines offenbaren Raubes sehr gegen den Hund, aber es half kein Wort, denn, sprach der Hund, er hätte falsche Briefe bei der Bratwurst gefunden, deswegen wäre sie ihm des Lebens verfallen gewesen.

Das Vöglein, traurig, nahm das Holz auf sich, flog heim und erzählte, was es gesehn und gehöret. Sie waren sehr betrübt, verglichen sich aber das Beste zu tun und beisammen zu bleiben. Derowegen so deckte das Vöglein den Tisch und die Maus rüstete das Essen, und wollte anrichten, und in den Hafen, wie zuvor das Würstlein, durch das Gemüs schlingen und schlüpfen, dasselbe zu schmelzen: aber ehe sie in die Mitte kam, ward sie angehalten und mußte Haut und Haar und dabei das Leben lassen.

Als das Vöglein kam und wollte das Essen auftragen, da war kein Koch vorhanden. Das Vöglein warf bestürzt das Holz hin und her, rufte und suchte, konnte aber seinen Koch nicht mehr finden. Aus Unachtsamkeit kam das Feuer in das Holz, also daß eine Brunst entstand; das Vöglein eilte Wasser zu langen, da entfiel ihm der Eimer in den Brunnen, und es mit hinab, daß es sich nicht mehr erholen konnte und da ersaufen mußte.

Kann jederzeit erzählt werden   Grimm, Nr. 23

Es ist dies ein Kindermärchen, das vielleicht nicht auf jeden im ersten Moment anziehend wirkt: Eine altertümliche Sprache wird uns da vorgesetzt, keine die Tiefenseele stark beeindruckenden Bilder gibt es, und einen fatalen Ausgang hat es auch noch.

Der Grundton

Aber bei einem Märchen muß immer zuerst auf den Grundton gehorcht werden. Wenn dieser dem Erzähler deutlich geworden ist, dann kann sich eine Geschichte in ihrer Wirkung ganz anders geben, als man zunächst beim leisen Lesen aufgefaßt hat. Die Märchen sind eben gesprochene Poesie – und beim Sprechen macht der Ton die Musik. Der Erzieher wird sich also auch dieses Märchen zunächst „abhören", indem er es laut spricht. Hat es einen tragischen, einen lustigen, einen sachlichen Tonfall? Wer mag es sprechen? Ein junger oder alter Erzähler? Ein Mann oder eine Frau? In welcher Gruppe? – in einer Kneipe, Spinnstube, bei einem festlichen Ereignis, oder den Kindern vor dem Einschlafen oder auf dem Weg ins Feld? ... Schon die Verkleinerungsformen von Mäus-chen, Vögel-chen und Brat-würstchen deuten darauf hin, daß dies eine Geschichte für verhältnismäßig junge Kinder (etwa sechsjährige vor dem Schuleintritt) sein muß. Der verhaltene Humor und die Erzähler-Einschübe: „Wem zu wohl ist, den gelüstet immer nach neuen Dingen!" – „und das war ein herrlich Leben." – „Was geschieht?" lassen auf einen Erzähler schließen, der mit einer gewissen Behäbigkeit und aus genügend Muße heraus erzählt, zudem genug Lebenserfahrung angesammelt hat, so daß er über der Sache steht und das Ernste heiter bringen kann – zumindest für die Kinder.

Die Bilder

Die Figuren in diesem Märchen haben kaum archetypischen Bildwert, außerdem ist den Kindern eigentlich alles vertraut, was vorkommt, vielleicht haben Stadtkinder keine Brunnenerfahrung, so daß diese vielleicht ein wenig erarbeitet werden sollte, damit die Kinder den Schluß verstehen. Auch wird es förderlich sein, Vögel und Mäuse im vorhinein etwas zu beobachten. Und damit die „Bratwurst" nicht nur gewußt wird, ließe sich auch ein „Bratwurst-Fest" veranstalten, bei dem die Kinder die Würste selbst braten und dann gemeinsam verzehren.

Wirkung auf die Kinder

Was ist es nun, was den Kindern bleiben mag, wenn wir ihnen dieses köstliche Märchen von Mäuschen, Vögelchen und Bratwurst erzählen? – Sie erfahren zum Beispiel ganz unangestrengt und unter Verzicht auf einen belehrenden Tonfall etwas über Grundregeln des Zusammenlebens. Ja dieses Märchen gibt geradezu Weisheit für menschliches Zusammenleben her. Hören wir nicht von den vielen Versuchen eines gemeinschaftlichen Zusammenwohnens, daß die Schwierigkeiten sich gerade entzünden, wenn es darum geht, wer den Spül macht, die Treppe kehrt und die Badewanne säubert? Solche Probleme der Arbeitsverteilung scheinen uralt zu sein. Unser Märchen zeigt klassisch, wie solche Gemeinsamkeits-Versuche ins Scheitern geraten: Solange alle eine feste Aufgabe übernommen haben und treu erfüllen, geht alles gut. Sobald aber ein „Anstifter" kommt – ganz gleich, ob er von außen anstiftet oder in der eigenen Brust residiert (und immer ist es das gleiche Gefühl: „Ich bin so dumm und arbeite, und die anderen machen sich das Leben bequem.") – und einen Streik provoziert, gerät alles ins Wanken. Nun muß man eine Neuordnung finden –. Kaum daß man sich geeinigt hat, stellen sich aber leicht Pferdefüße heraus! Man ging in der emotionalen Rage nur von einer sachlichen Umverteilung aus und bedachte nicht die individuellen Fähigkeiten – so endet das ganze Unternehmen kläglich.

Auch dieses Märchen endet nicht „happy": alles stirbt, geht unter: Vom Hund gefressen, im Topf verbrüht, im Brunnen ertränkt. Dennoch ist diese Geschichte den Kindern zumutbar. Warum? Der über den Dingen stehende Erzähler (ein humorvoller Großvater ist zum Beispiel sehr gut vorstellbar) hat einen Ton an sich, der Sicherheit und Vertrauen verleiht. Sturer Todernst ist ausgespart in diesem Märchen. Schon die kuriose Zusammenstellung der Figuren Mäuschen, Vögelchen und Bratwurst stimmt heiter. Und der spielerisch-sachliche leichte Ton bringt den Kindern auf belustigende Weise den Ernst nahe: Und eben das ist kindgemäß. Hier wird nichts Ernstes verniedlicht und verkitscht, keine Bambis, Bibos oder sonstige Monstren erschaffen. Der Ton ist nicht verharmlosend. Sondern den Kindern sollen Lebensernst und Tragik im Leben nicht vorenthalten werden. Sie sollen ahnen dürfen, daß auch ihr Leben unter Umständen hart sein wird, daß das Schicksal ihnen vielleicht Verzichte auferlegen und

Schläge beibringen wird. Dennoch müssen sie auf eine ihnen verträgliche Weise mit solchen Gelegenheiten vertraut gemacht werden, damit ihnen der Lebensmut nicht verletzt wird. Denn der Lebensmut und die Fähigkeit, auch in schweren Situationen eine gewisse Gelassenheit zu behalten, werden ihnen helfen, solche Lebenslagen zu durchschreiten. Von diesem Märchen können Erzieher lernen, wie man Kindern die Realität unverfälscht vorstellen kann, ohne sie ins Kitschige oder Putzige zu verzerren und wie man ihnen auf leichte Art Ernst nahebringen kann, ohne sie in ihrer naiven Lebensfreude zu beeinträchtigen. Denn von der nackten, harten Wahrheit könnten Kinder erschlagen werden. Dieses Märchen aber bietet ihnen „Spiel-Figuren" an, mit denen sie in ihrer Fantasie umgehen und sich Lebenskenntnis erwerben können. Dieser Lernstoff, den sie sich im bloßen Zuhören und Aufnehmen erwerben, wird ihnen lange nicht deutlich bewußt werden. Und doch eignet sich jedes Kind – gemäß seinen Vorerfahrungen – etwas davon in der Tiefe seiner Seele an. Das meiste lernen wir eben immer noch über unsere uns nicht bewußten Fühler in der frühen Kindheit. Je älter ich werde, desto deutlicher kommt mir ins Bewußtsein, was ich als kleines Kind schon gesehen und erkannt und als richtunggebenden Kompaß benutzt habe, ohne daß je darüber gesprochen worden wäre.

Bei diesem Märchen scheint es nötig, etwas zu der altertümlichen, ungebräuchlichen Sprache zu sagen. Zunächst: wir sollten uns nicht allzuheftig daran stören. Ich habe den Eindruck, daß Kinder am Ungebräuchlichen auch einen Reiz empfinden können. Natürlich darf das nicht so weit gehen, daß sie sich falsche Vorstellungen machen. Dort, wo das Wort Hafen nur als Landungsort für Flugzeuge oder Schiffe verwandt wird, muß man es durch das gebräuchliche „Topf" ersetzen. Die Ausdrücke „Anstiftung", „sich durch den Brei schlingen", „schmalzen", im Spiel das Los werfen – sie müssen natürlich vorher den Kindern vertraut gemacht werden. Insgesamt aber dürfen wir ruhig gegen die Verarmung der Sprache zu Felde ziehen. Es ist heute so viel eintönig, einförmig und uniformiert, daß ein Durchbrechen des Gleichförmigen auch mal erholsam wirkt – es ist außerdem eine erste Einführung in einen fremdartigen Sprachklang, wie sie ihn später im Erlernen fremder Sprachen kennenlernen werden.

Ethische Orientierung

Soll man alles beim Alten lassen oder nicht? – das ist hier die Frage. ...
Aufmüpfig sein kann schief gehen ... Ein gutes Zusammenleben ist etwas
wert ... Man soll es nicht leichtsinnig zerstören ... Sich aufhetzen lassen,
bringt nichts Gutes ein ... Man muß selbst abwägen und entscheiden ...

Das Märchen predigt keine Moral, es *erzählt* – und überläßt im übrigen
jeden seinen eigenen Entscheidungen.

Hinweise zum Symbolverständnis

Sie sind auch bei diesem Märchen nicht nötig, weil es einen anderen Ton
anschlägt. Durch tiefschürfende Symbol-Untersuchungen würde dieser
leichte, heitere Ton gestört werden.

Der goldene Schlüssel

Zur Winterszeit, als einmal ein tiefer Schnee lag, mußte ein armer Junge hinausgehen und Holz auf einem Schlitten holen. Wie er es nun zusammengesucht und aufgeladen hatte, wollte er, weil er so erfroren war, noch nicht nach Hause gehen, sondern erst Feuer anmachen und sich ein bißchen wärmen. Da scharrte er den Schnee weg, und wie er so den Erdboden aufräumte, fand er einen kleinen, goldenen Schlüssel. Nun glaubte er, wo der Schlüssel wäre, müßte auch das Schloß dazu sein, grub in der Erde und fand ein eisernes Kästchen. „Wenn der Schlüssel nur paßt!" dachte er, „es sind gewiß kostbare Sachen in dem Kästchen." Er suchte, aber es war kein Schlüsselloch da, endlich entdeckte er eins, aber so klein, daß man es kaum sehen konnte. Er probierte, und der Schlüssel paßte glücklich. Da drehte er einmal herum, und nun müssen wir warten, bis er vollends aufgeschlossen und den Deckel aufgemacht hat, dann werden wir erfahren, was für wunderbare Sachen in dem Kästchen lagen.

Grimm, Nr. 200

Ein Märchen, das am besten im Winter erzählt wird.

Dies ist auf den ersten Blick ein ganz unscheinbares Märchen. Fast könnte man geneigt sein zu meinen, es eigne sich nicht für so kleine Kinder, weil sich viel zu wenig ereignet. Aber der oberflächliche Anschein trügt. In dieser kleinen Geschichte stecken eine Reihe von Symbolen, auf die unsere Kinder ansprechen.

Der Grundton

Horchen wir uns zunächst wieder den Text ab. Wie ist der Ton? Wer könnte zum Beispiel so erzählen? Wo? und in welcher Situation? … Ein Vater oder eine Mutter zum Beispiel, und vielleicht für ihre Kinder vor dem Einschlafen? … Oder einmal in einer Dämmerstunde – falls es so etwas noch gibt. Jedenfalls gab es das: Das Erwarten des Einbruchs der völligen Dunkelheit. Die Dämmerstunde macht besinnlich, geneigt zum inneren Loslassen … Ich empfinde den Ton dieses Märchens als schlicht. Er berichtet einfach. Allerdings bahnt sich eine starke Spannung an. Der Ton muß sie zwar im Verborgenen enthalten, aber er darf sie nicht äußern, er muß bis zum Ende schlicht und zurückhaltend bleiben.

Die Bilder

Ehe wir aber mit dem Erzählen beginnen, müssen die Kinder mit einigen Bildern vertraut werden, die dieses Märchen verwendet. Da ist zunächst von der „kalten Winterszeit" die Rede. Das legt uns nahe, dieses Märchen nicht im warmen Sommer zu erzählen. Wir werden es uns für eine Kälteperiode des Winters aufsparen. Dann haben die Kinder die Kälte im Gefühl, und vielleicht sehen sie sogar Schnee. Dann können wir mit ihnen untersuchen, was der Schnee alles zudeckt … damit läßt sich ihre Fantasie schon einen Tag beschäftigen. Wir könnten sie auch Schnee wegkehren lassen, damit sie ihre Beobachtungen dabei machen.
Wer friert, ist von Wärmequellen angezogen. Unser Märchen bringt eine Ur-Wärmequelle ins Spiel: das Feuer. Vielleicht finden wir irgendeine Möglichkeit, die Kinder ein wärmendes Feuer erleben zu lassen.
An einem anderen Tag sollten die Kinder irgendeine Schlüssel-Erfahrung machen können. Ein besonders kleiner oder ein besonders großer Schlüssel, den wir ihnen mitbringen und durch ihre Hände gehen lassen, mag ei-

nen eigenartigeren Reiz haben als ein normaler Wohnungsschlüssel. Gewiß wollen die Kinder erfahren, wo das dazugehörige Schloß ist. (Vielleicht gibt es eine alte Kirche oder Kapelle mit einem ordentlich wuchtigen Schloß und Schlüssel in der Nähe, oder eine alte Schuppen- oder Kellertüre…) Wir lassen sie auf- und wieder zuschließen. Bei einem alten Schloß ist das schon eine mächtige Arbeit für ein Kindergartenkind! – Sicher haben die Kinder selbst schon Schlüssel-Geschichten erlebt: wenn die Wohnungstür zufiel, und niemand einen Schlüssel mitgenommen hatte, wenn ein Bruder den Fahrradschlüssel verloren hat, wenn der Autoschlüssel innen steckenblieb, und der Fahrer in Gedanken die Türen verriegelte … Wenn also nach und nach die wichtigsten Bilder – Schnee, Feuer, Schlüssel und Schloß – erarbeitet worden sind, dann kann bei guter Gelegenheit das Märchen erzählt werden. Man rückt nah zusammen, die Kinder hören – und den Schluß – so meine ich jedenfalls – müssen wir für unsere Vorschulkinder auf irgendeine Weise auffangen. Ich würde es beispielsweise so versuchen: „… Hm, das Märchen verrät uns nicht, was in dem Kästchen war … aber vielleicht könnt ihr es selbst entdecken? Macht einmal die Augen zu und wartet, ob ihr das Kästchen nicht vielleicht sehen könnt … ist es offen? … und was ist drin? …" – Der hellhörige Erzieher wird sich Notizen in seine Kinderkartei machen. Denn die imaginierten Kästchen-Inhalte der einzelnen Kinder können wichtige Hinweise enthalten, die in Besprechungen mit Eltern oder dem Vorschul-Psychologen Aufschlüsse geben, auf Entbehrtes z. B. oder auf Erwünschtes und Erträumtes. Sie könnten für eine Korrektur des Erzieher-Verhaltens von wichtiger Bedeutung sein.

Wirkung auf die Kinder

Was mag den Kindern von diesem Märchen bleiben? – Zunächst einmal ist ihr archetypischer Bildschatz angesprochen und um einige Bilder belebt worden, ihre Fantasie hat Zufluß bekommen, die Bilder werden weiterarbeiten und das kindliche Denken und Erleben bereichern. Dazu kommt, daß der geschilderte Vorgang des Schlüsselfindens, der das Suchen nach dem dazugehörigen Schloß nach sich zieht, selbst eine archetypische Situation ist, die jeder Mensch oftmals in seinem Werdegang durchlebt: man findet ein Teil, das notwendig zu einem anderen gehört, das es aber erst noch zu suchen gilt. Wie oft finden wir einen Ansatz von irgendetwas, ahnen aber nicht, wie er weitergeführt werden soll – dann heißt es, der Sache auf der Spur bleiben. Ja, wir könnten geradezu sagen, daß sich jeder Mensch selbst als so ein Teil vorfindet – als Mann oder als Frau – zu dem der notwendige Partner zu suchen ist. –

Gelingt es also, den Kindern dieses Märchen auf eine Weise nahezubringen, die sie aufhorchen und aufmerken läßt, so bahnen wir ihnen damit eine erste Spur für eine Lebensbewältigung in solchen Situationen. Das Märchen wird ihnen dann sicher nicht mehr einfallen, aber das, was es in ihnen belebt hat: Für einen Schlüssel muß es ein Schloß geben, man muß suchen, was wird wohl zu finden sein? – dieser Anreiz und diese spannungsvolle Neugierde – sie werden weiterwirken. Von unserm den Kindern zugewandten Erzählen und ihrem Zuhören wird ihnen im akuten Fall ein innerlicher Auftrag verbleiben, sodaß sie nicht vorzeitig aufgeben, wenn sie einen „Schlüssel" gefunden haben, sondern dem Schatz auf der Spur bleiben, bis sie ihn entdeckt haben.

Welcher Art dieser Schatz ist – das verschweigt uns unser Märchen. Und es ist dies ein besonderer Kunstgriff: denn nun ist jedem die Möglichkeit belassen, unvorprogrammiert seinen nur ihm zugehörigen Schatz zu entdecken. Die Neugierde auf das, was das Leben bringen mag, wird angefacht und die kindliche Spannkraft gefördert. Und das alles auf unangestrengte Weise – ohne Belehrungen, die so langweilig für Kinder sind, ohne Erklärungen, die so klobig sich ausnehmen – behutsam und still sammeln die Kinder Schätze ein, die ihnen später einmal zugutekommen werden.

Ethische Orientierung

Gut ist, seine Augen zu gebrauchen. Gut ist, zu suchen, was sich finden läßt... Man soll nicht vorzeitig aufgeben... Man muß den Sachen auf der Spur bleiben ...

Hinweise zum Symbolverständnis

Schlüssel

Der Schlüssel öffnet oder verschließt. Wer den Schlüssel besitzt, hat Macht aufzuschließen oder zuzusperren. „Da nach alter Vorstellung sowohl der Himmel wie auch die Unterwelt durch Tore verschlossen ist, spielt der Schlüssel in religiösen Vorstellungen eine nicht unbedeutende Rolle." (MLB) „Dir will ich die Schlüssel des Himmelreiches geben", spricht Jesus zu Petrus.

Kästchen – Kasten, Lade, Truhe
Ein Kästchen ist dazu gefertigt, daß etwas in ihm aufbewahrt werden kann, was dieses Schutzes bedarf und nicht herumliegen soll. Weil es etwas enthält, das verborgen und nicht offen-bar ist, reizt es die Neugierde, besonders dann, wenn es auch noch mit einem Schlüssel verschlossen ist.

Winter
Winter, Frost und Kälte symbolisieren eine Zeit, in der sich das sprießende, quellende Leben zurückgezogen hat und unter der Schneedecke ruht. Es harrt dort der Erweckung durch den Frühling.

Feuer
Das Feuer ist eine künstliche Wärmequelle, die der Mensch nicht von Anfang an besaß, sondern erst erfunden hat. Sie kann ihm in der kalten und finsteren Jahreszeit die Sonne ersetzen, indem sie Wärme und Licht gibt. Feuer muß gehütet werden, weil es Verheerungen anrichten kann.

Was die Äffchen sagen

Die Äffchen, die kleinen Schwatzmäuler, sitzen nachts dicht aneinandergekauert auf den Palmblättern und schlafen. Wenn es regnet, frieren sie, und ihre Jungen schreien und wimmern vor Kälte. Und die Affenmütter weinen auch. Dann sagen die Affenväter: „Morgen bauen wir uns ein Haus!" Und alle sagen: „Ja, morgen!" Morgens aber scheint die Sonne, und es ist warm, und die Affenjungen springen vergnügt von Baum zu Baum. Dann sagen die Affenväter: „Wollen wir jetzt das Haus bauen?" Der eine antwortet: „Ich will erst noch essen." Der andere sagt: „Ich auch." Schließlich essen sie den ganzen Tag und denken nicht mehr an das Haus. Nachts aber, wenn es regnet und sie frieren, dann fällt es ihnen wieder ein, und sie sagen: „Morgen müssen wir ganz gewiß unser Haus bauen", und so machen sie es alle Tage.

Ein indianisches Märchen aus
„Die Märchentruhe", herausgegeben von Vilma Mönckeberg,
© Verlag Heinrich Ellermann, München 1968

Sollte im warmen Sommer und bei Sonne erzählt werden

Auf dem Frankfurter Flughafen begegnete mir einmal eine deutsche Frau, die dreißig Jahre lang in Brasilien gelebt hatte und nun nach Europa zurückkehrte. Während der Wartezeit auf eine verspätete Maschine erzählte sie mir folgende Anekdote eines humorvollen brasilianischen Schriftstellers, weil sie sie so bezeichnend für die südamerikanische Mentalität fand: Ein Europäer gerät im brasilianischen Urwald in einen wolkenbruchartigen Regen. Glücklicherweise erreicht er eine Hütte. Dort trifft er die Familie um einen Tisch versammelt an, über den ein großer Regenschirm gespannt ist, unter den man sich duckt. Der Regenguß hält eine Weile an und ihn deucht, daß die vielen Löcher im Dach nicht neuesten Datums sind, sondern schon eine Zeitlang Luft und eben auch Nässe hereinlassen. Auf seine Frage, warum man das Dach nicht repariert, wird ihm geantwortet: bei solchem Guß wäre das doch nicht möglich. „Nun, ja" sagt er, „der Regen wird doch wieder aufhören." Verständnislose Blicke treffen ihn: Warum sollte dann das Dach in Ordnung gebracht werden? Wenn es trocken ist, wäre das doch absolut unnötig!

Diese Anekdote scheint tatsächlich etwas Typisches einzufangen, denn unser südamerikanisches Indianermärchen befaßt sich mit dem gleichen Problem.

Der Grundton

Sprechen wir das Märchen mehrmals laut, dann werden sich uns bald die Worte einprägen. Und welchen Grundton verlangt es? Einen schwermütigen, langsamen, tragischen? ... Ganz gewiß nicht! Dieses Märchen muß emotional flexibel, aber leicht und heiter gesprochen werden. Es wird in einer Gegend erzählt, die keine harten Winter mit Frost und Eis kennt, welche die Menschen Vorsorge gelehrt haben. Da wo die kleinen Äffchen vergnügt von Baum zu Baum springen, da kann man zwar frieren, aber nicht erfrieren. Das ganze Leben spielt sich deshalb auch sorgloser ab.

Die Bilder

Die Gegensätze Tag und Nacht mit warmer, heller Sonne und nächtlicher Kühle in der Dunkelheit werden von unserem Märchen ins Spiel und den Kindern ins Gefühl gebracht. Eine typische Familiensituation wird gezeigt: An einen festen Platz gebannte frierende Kinder, eine hilflose Mutter, ein Vater mit guten Vorsätzen: das ist die Nachtsituation. Am Tag jedoch hat sich alles verwandelt: es ist hell, die Sonne macht warm, alle genießen, und keiner will sich abmühen und arbeiten. – Die Akteure sind „die Äffchen", an denen aber menschliches Erleben und Empfinden demonstriert wird. Es wird gut sein, sich zu vergewissern, ob den Kindern Äffchen bekannt sind, man sollte nach Möglichkeiten suchen, sie Beobachtungen machen zu lassen, sie Bilder und Bilderbücher mitbringen zu lassen, in denen Äffchen vorkommen. Wenn das Äffchen oder Affen-Interesse einige Tage angehalten hat und vielleicht wieder im Abklingen ist, wäre der Augenblick gegeben, dieses Märchen zu erzählen.

Wirkung auf die Kinder

In den Kindern wird das gegensätzliche Tag- und Nacht-Erleben belebt. Es ist dies ein ganz elementares Erleben, das aber in unserer verkünstlichten Zivilisationswelt verwischt wird und für eine Selbstverständlichkeit gehalten wird, mit der man sich nicht abgibt. Dennoch wird immer noch durch Tag und Nacht der Rhythmus bestimmt, in dem wir Menschen leben. Dieser Rhythmus ist ganz bestimmend für uns, auch wenn wir ihn für nebensächlich halten. Jahrhunderttausendelang sind unsere Vorfahren in ihren Unternehmungen total von ihm abhängig gewesen, und wir können diese rhythmische Bestimmung nicht mit einemmal abschütteln. Insbesondere ist es für Kinder wichtig, daß ihnen diese elementare Erfahrung behütet wird, daß sie rechtzeitig zur Ruhe kommen und rechtzeitig aufstehen dürfen, wenn ihnen danach ist. Dieses Märchen nun hebt die Tag- und Nachterfahrung in ihrer Gegensätzlichkeit ins Bewußtsein, und es tut dies auf besonders kindgemäße Weise, indem nämlich das Gefühl der Kinder stark einbezogen wird. Sie erleben das Zusammenkauern, das naßkalte Gefühl, und sie könnten glatt mitjammern und sich vom Vater trösten lassen. Und im nächsten Augenblick animiert sie das Märchen, das Gegenteil mitzuerleben: den Tag, die Sonne, die Wärme, die Sorglosigkeit: Herumspringen und essen – was sollten Kinder sonst zu bedenken haben? – Aber dann beginnt doch wieder die Nacht .. und das Wechselbad wiederholt sich.

Diese Umschwünge im Fühlen und Miterleben werden vom Kind zunächst aufgenommen und vielleicht auch genossen werden. Auf die Dauer gesehen aber wird sich herausstellen, daß sie unterschwellig einen Prozeß angestoßen haben, der impulsgebend wirkt, damit die Kinder lernen, solche Erfahrungen zu verarbeiten: ziehe einen Schluß aus deiner Erfahrung, baue das Haus wenn du nicht frieren willst. Lerne: die Nacht wird genauso wiederkommen wie die Sonne. Also mußt du voraus-denken, voraus-fühlen, voraus-fantasieren lernen.

Im Deutschen haben wir das Sprichwort: „Morgen, morgen nur nicht heute, sagen alle faulen Leute" – aber wie abstrakt und bildlos ist es im Vergleich zu diesem Märchen. Ihm mangeln Heiterkeit und Humor. Das Märchen reizt das Kind, mit frierenden, weinenden, herumtollenden und lachenden Kindern zu fühlen und bereitet es auf diese Weise darauf vor, im gegebenen Fall notwendige Schlüsse zu ziehen und auch tatsächlich auszuführen. Es verzichtet dabei auf jede dick aufgetragene Belehrung, vertraut vielmehr darauf, daß sich die erforderliche Bemühung von selbst einstellen wird, wenn der Leidensdruck groß genug sein wird.

Ethische Orientierung

Der heitere humorvolle Ton bestätigt die Kinder in ihrem Lust-Bedürfnis: Herumtollen und sich sorglos freuen, das ist gut. Die Sonne und Wärme will genossen sein ... – aber: vielleicht wird es irgendwann einmal gut sein, sich Zwang und Härte aufzuerlegen? Vielleicht muß man Pläne tatsächlich ausführen? ...

Hinweise zum Symbolverständnis

Sie sind auch bei diesem Kindermärchen nicht angebracht. Die Symbolik von Tag und Nacht beispielsweise würde dieses köstliche Märchen unnötig überfrachten. Es ist „leichte Kost", die als solche „köstlich" ist.

Der süße Brei

Es war einmal ein armes, frommes Mädchen, das lebte mit seiner Mutter allein, und sie hatten nichts mehr zu essen. Da ging das Kind hinaus in den Wald, und begegnete ihm da eine alte Frau, die wußte seinen Jammer schon und schenkte ihm ein Töpfchen, zu dem sollt' es sagen: „Töpfchen koche", so kochte es guten, süßen Hirsebrei, und wenn es sagte: „Töpfchen steh", so hörte es wieder auf zu kochen. Das Mädchen brachte den Topf seiner Mutter heim, und nun waren sie ihrer Armut und ihres Hungers ledig und aßen süßen Brei, so oft sie wollten. Auf eine Zeit war das Mädchen ausgegangen, da sprach die Mutter: „Töpfchen koche", da kochte es und sie ißt sich satt; nun will sie, daß das Töpfchen wieder aufhören soll, aber sie weiß das Wort nicht. Also kocht es fort, und der Brei steigt über den Rand hinaus und kocht immerzu, die Küche und das ganze Haus voll, und das zweite Haus und dann die Straße, als wollt's die ganze Welt satt machen, und ist die größte Not, und kein Mensch weiß sich da zu helfen. Endlich, wie nur noch ein einziges Haus übrig ist, da kommt das Kind heim, und spricht nur: „Töpfchen steh", da steht es und hört auf zu kochen; und wer wieder in die Stadt wollte, der mußte sich durchessen.

Grimm, Nr. 103

Kann jederzeit erzählt werden

Dieses Märchen bringt ein Phänomen ins Bild, das wir alle gelegentlich erleben – zumindest im Kleinen: ein Mensch tut etwas scheinbar Harmloses und bringt dadurch eine Lawine ins Rollen, die er nicht mehr aufhalten kann. Otto Hahn entdeckte 1938 die Kernspaltung des Urans. Binnen kurzem wurde diese Entdeckung zum Bau von Atombomben genutzt, 1945 fielen die ersten beiden Bomben, und heute haben wir unterirdisch lagernde Atombomben-Depots, die unsere Erde zerstören könnten. – Goethe hat dieses Thema eindrucksvoll in der Ballade vom „Zauberlehrling" gestaltet. Auch dieser hatte „das Wort" vergessen, mit dem er zum Stehen zu bringen vermocht hätte, was er in Gang gesetzt. – Unser Märchen macht auf ganz ein-fache, schon dem kleinen Kind verständliche Weise mit diesem Welt-Phänomen vertraut. Jedes Kind wird davon beeindruckt werden. Hat es doch eine Ahnung von dieser Menschenmöglichkeit ererbt. Das Märchen spricht sie an und provoziert eine erste im Bild verschlüsselte Bewußtwerdung.

Der Grundton

Der Erzieher sollte sich wieder zunächst nach dem Ton fragen, der diesem Märchen eignet und sich deshalb die Geschichte einige Male laut vorlesen. Die Geschichte wird wohl ursprünglich in der Kinderstube erzählt: ein Kindermärchen also. Der Ton ist eher sachlich, eine Sache darstellend. Er ist nicht dramatisch und nicht naiv-harmlos, sondern sachlich-verhalten.

Die Bilder

Die Bilder sind: die Alte im Wald, der Topf und der Brei. Die „Alte im Wald" als Symbolfigur lernen die Kinder durch die Geschichte selbst genügend kennen. Sie zeigt sich hier als eine um die Not wissende, Nahrung gebende Frau. Die Kinder haben Vorerfahrungen in ihren Müttern und Großmüttern, in ihnen zugewandten Bezugspersonen und Erziehern erlebt. Das Bild von der Alten braucht also nicht durch irgendwelche Sonder-Unternehmungen belebt zu werden. Aber vielleicht könnten die Bilder „Topf" und ernährender „Brei" durch irgendeine organisierte „Anschauung" aktiviert werden. Wenn die Kinder in kleineren Gruppen von etwa fünf oder sechs Kindern selbst Hirsebrei kochen dürfen, dann ist das gewiß ein Erlebnis. Vielleicht läßt die Erzieherin sie sogar erleben, wie der Breitopf überläuft, was bei Hirse sehr leicht geschehen kann, sie muß nämlich in die kochende Milch geschüttet werden und dann 10 bis 15 Minuten auf kleiner Flamme quellen. Mit ein wenig Zucker oder Zimtzucker bestreut oder mit Apfelmus dazu schmeckt Hirsebrei allen Kindern gut.

Wirkung auf die Kinder

So durch Schauen, Tun und Schmecken vorbereitet werden die Kinder gern der Geschichte vom süßen Brei lauschen mögen. Und was wird in ihnen unterschwellig weiterarbeiten, wenn sie dieses Märchen gehört – und vielleicht öfter gehört – haben? – Seltsame Sachen gibt es auf der Welt: Ein Topf, der so „lieb" war und den Hunger stillte, wird plötzlich gefährlich und bringt entsetzliches Verderben. Das Spendende verkehrt sich in tödliche Bedrohung ... Gerade scheint sich die Katastrophe vollenden zu wollen – da kommt noch das rettende Wort, das imstande ist, das Unheil zu bremsen. Und wer hat es gewußt? – nicht die Mutter, nein, das Kind weiß das Wort. Es war ja auch sein Topf, und die Mutter hätte sich lieber nicht an ihm vergreifen sollen! Das Beeindruckende für das Kind an dieser Geschichte ist wahrscheinlich die Ambivalenzerfahrung als eine Grundwahrheit in unserer Welt. Alle Dinge haben zwei Seiten – eine helle und eine dunkle. Das eindeutig Gute, Spendende, Nährende kann an einem bestimmten Punkt „umkippen" und sich ins Gegenteile, ins Böse, Hemmende, Erstickende, Tötende verkehren. Das Märchen beginnt damit, daß nichts zu essen da ist und schließt damit, daß man sich durchessen muß. Es umfaßt so die äußersten Gegensätze. So nehmen schon die kleinen Kinder im Bild des die Nahrung hergebenden Topfes, der schließlich ohne Aufhören überfließt, in ihr Bewußtsein auf, daß die Dinge nicht ein-deutig sind auf unserer Welt. Sie lernen unterschwellig, daß vieles nicht eindeutig gut oder böse ist, sondern eine Wertung sich erst aus dem Zusammenhang ergibt. Die Zusammenhänge erst liefern die Unterscheidungskriterien für Gut und Böse. Im Evangelium heißt es zum Beispiel: „An ihren Früchten werdet ihr sie erkennen!"
Das Kind lernt außerdem noch – im Nebenbei –: es ist gefährlich, mit Dingen zu spielen, die man nicht versteht ... So behält es von diesem Märchen auch eine Warnung im Gedächtnis – an die der Erzieher vielleicht bei

passender Gelegenheit erinnern kann: Wie war das doch mit dem Topf, der nicht mehr aufhören wollte zu fließen? ...

Ethische Orientierung

Not ist schlimm ... In Notzeiten muß man sich besonders wach verhalten, ob nicht von irgendwoher eine Rettung kommt ... Ob nicht Hilfe oder Weisung aus einem Bereich kommt, indem man sie nicht vermutete ... Not kann sich nämlich auf wunderbare Weise wenden ...
Mütter sind nicht immer tüchtig ... Manchmal machen sie schlimme Sachen ...
Durch Überfluß kann auch Not entstehen ...
Gut ist es, das richtige Wort zu wissen ...
Gut ist es, nur das anzufangen, was man auch beenden kann ... Unüberlegtes Nachmachen ist von Übel ...

Hinweise zum Symbolverständnis

Brei

Der Brei ist eine ursprüngliche Nahrung. Noch ehe die Menschen gelernt hatten Brot zu backen, konnten sie Brei kochen. Brei wird in der Küche hergestellt, in dem Bereich, der den Frauen obliegt, denen das Nähren und Nahrung-herstellen ursprünglich zugeordnet ist.

Topf

Der Topf ist ein Küchengerät. Er dient dazu, das Rohe, Harte, Schwerverdauliche so genießbar zu machen, daß es leichter vom Körper angenommen wird. Aus dem Topf wird die Nahrung geschöpft. Er hat Verwandtschaft mit Kessel, Schüssel, Schale. Wenn „der Topf ein Loch hat" oder überfließt, ist es um die Hungrigen schlecht bestellt, weil etwas in Unordnung geraten ist.

Die Alte im Wald

Die „Alte im Wald" ist als eine überindividuelle Mutterfigur zu verstehen. Sie kann als helfende, ratende, freundlich zugewandte, wissende Alte im Märchen auftreten. Ihre negative, verschlingende Seite heißt „Hexe". Hier aber ist sie „die Mutter Welt", die „Große Mutter".

54

Die Sterntaler

Es war einmal ein kleines Mädchen, dem war Vater und Mutter gestorben, und es war so arm, daß es kein Kämmerchen mehr hatte, darin zu wohnen, und kein Bettchen mehr, darin zu schlafen, und endlich gar nichts mehr als die Kleider auf dem Leib und ein Stückchen Brot in der Hand, das ihm ein mitleidiges Herz geschenkt hatte. Es war aber gut und fromm. Und weil es so von aller Welt verlassen war, ging es im Vertrauen auf den lieben Gott hinaus ins Feld. Da begegnete ihm ein armer Mann, der sprach: „Ach, gib mir etwas zu essen, ich bin so hungrig." Es reichte ihm das ganze Stückchen Brot und sagte: „Gott segne dir's", und ging weiter. Da kam ein Kind, das jammerte und sprach: „Es friert mich so an meinem Kopfe, schenk mir etwas, womit ich ihn bedecken kann." Da tat es seine Mütze ab und gab sie ihm. Und als es noch eine Weile gegangen war, kam wieder ein Kind und hatte kein Leibchen an und fror: da gab es ihm seins: und noch weiter, da bat eins um ein Röcklein, das gab es auch von sich hin. Endlich gelangte es in einen Wald, und es war schon dunkel geworden, da kam noch eins und bat um ein Hemdlein, und das fromme Mädchen dachte: „Es ist dunkle Nacht, da sieht dich niemand, du kannst wohl dein Hemd weggeben", und zog das Hemd ab und gab es auch noch hin. Und wie es so stand und gar nichts mehr hatte, fielen auf einmal die Sterne vom Himmel und wurden lauter harte, blanke Taler: und ob es gleich sein Hemd weggegeben, so hatte es ein neues an und das war vom allerfeinsten Linnen. Da sammelte es sich die Taler hinein und war reich für sein Lebtag.   Grimm, Nr. 153

Wird am besten im Spätherbst erzählt, wenn die Mützen wieder aufgesetzt werden.

Ein ausgesprochenes Kindermärchen, das etwas Ergreifendes an sich hat. Mir ist von jemandem erzählt worden, daß er immer zu Tränen gerührt wurde, wenn er als Kind dieses Märchen las. Nun, das wird bei unseren Kindern in der Gruppe nicht geschehen – aber auch sie werden beeindruckt werden, weil das erzählte Geschehen quer zu den normalen Gepflogenheiten steht.

Der Grundton

Wie erlebt ihn der Erzieher nach mehrmaligem lauten Lesen? ... Dieses Märchen ist wie Spinnweb-Gewebe, so zart. Es verträgt keinen derben Zugriff. Der Ton muß leicht klingen und doch ganz sicher sein, der Mentalität dieses vertrauenden Kindes entsprechend. Denn er bringt eine Erfahrung in Laut, die landläufigem Erleben entgegengesetzt ist. Von dieser Erfahrung spricht man eigentlich nicht laut, man kann sie nicht mit Gewalt herbeiführen, sie wird einem geschenkt, und man muß sie sich schenken lassen können. Jemand, der eine so gegenläufige Erfahrung gemacht hat, versucht, in Bildern davon zu sprechen, er will damit bezeugen, was ihm geschehen ist.

Die Bilder

Das erste Bild ist die knappe Schilderung eines „Zuhause", das sich aufgelöst hat: Vater und Mutter tot, keine Wohnung mehr, kein Bett mehr. Als zweites taucht auf: „hinaus ins Feld gehen" – ins Unbehauste, Ungewisse, ins Nichts. Da begegnen andere Menschen, die noch ärmer dran sind: die Bittenden (drittes Bild) werden vorgeführt. Die vierte Station ist in die Bilder „Wald" und „Dunkel" gefaßt, sowie in den Zustand der totalen Entblößung. Da geschieht das Wunder, nämlich die Umkehrung des erlebten Zustands. Sie wird in den Bildern „Sterne", „Taler", „neues Hemd" und „Reichtum" ausgesagt. – Unseren Kindern sind diese Bilder alle unmittelbar zugänglich. Allenfalls wäre es gegeben, sie mit „Talern" vertraut zu machen.

Wirkung auf die Kinder

Die Kinder werden hier in Erzählform mit einem seltsamen Phänomen bekannt gemacht, daß sich nämlich äußerste Entbehrung und Entblößung ins Gegenteil, in Fülle verkehren kann. Allerdings ist die Bedingung genannt, unter der solches nur geschehen kann: man muß sich „ins Feld hinausbegeben", das heißt hinaus aus dem Bekannten, Geordneten, Gewohnten, in dem Menschen normalerweise behaust sind. Wer es vermag, die üblichen Erlebens- und Denkgewohnheiten zu verlassen – das Märchen enthält auch noch einen Hinweis auf die Art und Weise: „im Vertrauen auf den lieben Gott" – der gerät in eine Erlebensweise, bei der sich die Vorzeichen umkehren, bei der sich die Welt plötzlich anders anschaut: Wo zuerst nur Dunkel und Entblößung war, ist auf einmal Licht: Sterne, die blanke Münze werden. Die Blöße ist plötzlich bedeckt – aber nicht mit altem, sondern mit neuem Hemd, aus bitterster Armut ist Reichtum geworden … Wer solches nicht erlitten und erlebt hat, wird diesem Märchen gegenüber verständnislos bleiben. Es ist genug geschmäht worden, neuestens von Janosch.[8]

Die Kinder unseres Alters aber haben für gewöhnlich noch Zugang zu der menschlichen Ahnung, daß es unterschiedliche Bewußtseinsstufen gibt, auf der das Gleiche verschieden erlebt werden kann. Vor Not und Schmerzen – ganz gleich welcher Art – bleibt kein Mensch verschont. Aber eben: dem einen fällt Licht dabei zu, und es werden ihm Goldtaler daraus und dem anderen nicht. Unsere Kinder empfangen von diesem Märchen den Reiz, auf die Bewußtseinsstufe zu gelangen, wo solche Verwandlung von Zuständen sich ereignet: „So einen Goldregen möchte ich auch erleben … daß mir das Glück vom Himmel fällt …"

Ethische Orientierung

Ich darf vertrauen. Ich darf hoffen.
Manchmal geschieht Unerwartetes und macht alles Schlimme wieder gut.
Bittende muß man anhören …
Bittenden soll man geben.

Hinweise zum Symbolverständnis

Haus

Das Haus hat für Menschen etwas Bergendes. Dort kann er bei sich selbst „zuhause sein". Er kann seine Tür auf- oder zumachen und „in seinen vier Wänden" bleiben. „In seinem Haus fühlt sich der Mensch im Mittelpunkt

der Welt, ja das Haus wird selbst zum Abbild der ganzen Welt. Das Awesta (die „heilige Schrift" der Anhänger Zarathustras) nennt den Himmel ein „Haus" ... Unter dem schützenden Dach eines Hauses erblickt der Mensch das Licht der Welt. Im Ägyptischen war „Haus" zugleich ein Bild für den Mutterschoß" (MLB).
Kein Haus mehr haben, bedeutet demnach, sich ganz ungeschützt und ungeborgen vorfinden.

Feld

Ins Feld gelangt man, wenn man die Häuser verläßt, wenn man hinausgeht. Aber das Feld wird noch bearbeitet, es gehört also noch in den menschlichen Kulturbereich. Im Märchen gibt es oft den Ausdruck „ins freie Feld hinausgehn" (besonders in russischen Märchen), das scheint dann wohl zu heißen, auch noch die Feldmarkierungen zu verlassen, ins Un-begrenzte hinauszugehen.

Wald

Wer vom Feld in den Wald eintritt, wird von Dunkel umfangen. Er kommt (oder kam jedenfalls früher) ins Ungeordnete, nicht von Menschenhand strukturierte. Daher bestand Gefahr, sich zu verirren. „Wälder waren im alten Europa heilig, d. h. von besonderer Kraft erfüllt, als Sinnbild der ewigen, unerschöpflichen Naturmächte ... Alle Urmächte kamen aus dem Walde ... Psychologisch bedeutet Wald ein Sinnbild für das Ungeformte und Unheimliche in den weglosen Tiefen der Seele, in denen sowohl die „wilden Tiere", wie die schöpferischen Impulse leben ..." (Schl)

Sterne

Sterne sind Licht-Zeichen und Licht-Bringer. Sie haben von jeher den Eindruck von etwas Geheimnisvollen auf die Menschen ausgeübt. Der Sternenhimmel ist die himmlische Entsprechung zu dem irdischen Geschehen. Deshalb kann zum Beispiel Irdisches „an den Himmel versetzt werden", wovon die Sternbilder ein Ausdruck sind.

Nacktheit

„Das Unverhülltsein deutet auf das Fehlen irdischer Bindungen ... Die Entblößung gleicht einem schutzlosen Sichausliefern an die höheren

Mächte und soll diese freundlich stimmen ... Nacktheit ist etwas für die menschliche Situation Bezeichnendes: Nackt kommt er auf die Welt und nackt verläßt er sie." (MLB) Als Franziskus sein Leben in der Armut begann, zog er sich nackt aus und legte in einer Auseinandersetzung mit seinem Vater diesem die Kleider vor die Füße.

Taler
Geprägtes Metall, meist aus Gold. Im Märchen „kann es Taler regnen, worin sich eine Beziehung zu den Sternen andeutet, das ist ein Segen von oben, – oft Zeichen eines Bewußtseinsgewinnes." (Schl)

Kleid – Hemd
„Kleider machen Leute" sagen wir. „Kleidung spiegelt etwas vom Wesen des inneren Menschen wider. In alten Zeiten glaubte man, sich durch das Anlegen bestimmter Kleider verwandeln zu können. Das Kleid ist ein alter ego (ein anderes Ich), der Kleidertausch kann das Auswechseln (Verändern) des inneren Ich bedeuten." (MLB)
Bei der Taufe – in der unser „Ich" sich verändert, weil wir durch sie unser ich-haftes Leben ablegen und uns Jesus einverwandeln wollen („Nicht mehr ich lebe, sondern Christus lebt in mir", sagt Paulus) – wird dem Täufling ein neues, ein weißes Kleid gereicht.

Der Wolf und die sieben jungen Geißlein

Es war einmal eine alte Geiß, die hatte sieben junge Geißlein, und hatte sie lieb, wie eine Mutter ihre Kinder lieb hat. Eines Tages wollte sie in den Wald gehen und Futter holen, da rief sie alle sieben herbei und sprach: „Liebe Kinder, ich will hinaus in den Wald, seid auf eurer Hut vor dem Wolf, wenn er herein kommt, so frißt er euch alle mit Haut und Haar. Der Bösewicht verstellt sich oft, aber an seiner rauhen Stimme und an seinen schwarzen Füßen werdet ihr ihn gleich erkennen." Die Geißlein sagten: „Liebe Mutter, wir wollen uns schon in acht nehmen, Ihr könnt ohne Sorge fortgehen." Da meckerte die Alte und machte sich getrost auf den Weg.

Es dauerte nicht lange, so klopfte jemand an die Haustür und rief: „Macht auf, ihr lieben Kinder, eure Mutter ist da und hat jedem von euch etwas mitgebracht." Aber die Geißerchen hörten an der rauhen Stimme, daß es der Wolf war. „Wir machen nicht auf", riefen sie, „du bist unsere Mutter nicht, die hat eine feine liebliche Stimme, aber deine Stimme ist rauh; du bist der Wolf." Da ging der Wolf fort zu einem Krämer und kaufte sich ein großes Stück Kreide: die aß er und machte damit seine Stimme fein. Dann kam er zurück, klopfte an die Haustür und rief: „Macht auf, ihr lieben Kinder, eure Mutter ist da und hat jedem von euch etwas mitgebracht." Aber der Wolf hatte seine schwarze Pfote in das Fenster gelegt, das sahen die Kinder und riefen: „Wir machen nicht auf, unsere Mutter hat keinen schwarzen Fuß, wie du: du bist der Wolf." Da lief der Wolf zu einem Bäcker und sprach: „Ich habe mich an den Fuß gestoßen, streich mir Teig darüber." Und als ihm der Bäcker die Pfote bestrichen hatte, so lief er zum Müller und sprach: „Streu' mir weißes Mehl auf meine Pfote." Der Müller dachte:

„Der Wolf will einen betrügen", und weigerte sich, aber der Wolf sprach: „Wenn du es nicht tust, so fresse ich dich." Da fürchtete sich der Müller und machte ihm die Pfote weiß. Ja, das sind die Menschen.

Nun ging der Bösewicht zum drittenmal zu der Haustüre, klopfte an und sprach: „Macht mir auf, Kinder, euer liebes Mütterchen ist heim gekommen, und hat jedem von euch etwas aus dem Walde mitgebracht." Die Geißerchen riefen: „Zeig' uns erst deine Pfote, damit wir wissen, daß du unser liebes Mütterchen bist." Da legte er die Pfote ins Fenster, und als sie sahen, daß sie weiß war, so glaubten sie, es wäre alles wahr, was er sagte, und machten die Türe auf. Wer aber hereinkam, das war der Wolf. Sie erschraken und wollten sich verstecken. Das eine sprang unter den Tisch, das zweite ins Bett, das dritte in den Ofen, das vierte in die Küche, das fünfte in den Schrank, das sechste unter die Waschschüssel, das siebente in den Kasten der Wanduhr. Aber der Wolf fand sie alle und machte nicht langes Federlesen: eins nach dem andern schluckte er in seinen Rachen; nur das jüngste in dem Uhrkasten, das fand er nicht. Als der Wolf seine Lust gebüßt hatte, trollte er sich fort, legte sich draußen auf der grünen Wiese unter einen Baum und fing an zu schlafen.

Nicht lange danach kam die alte Geiß aus dem Walde wieder heim. Ach, was mußte sie da erblicken! Die Haustüre stand sperrweit auf: Tisch, Stühle und Bänke waren umgeworfen, die Waschschüssel lag in Scherben, Decke und Kissen waren aus dem Bett gezogen. Sie suchte ihre Kinder, aber nirgends waren sie zu finden. Sie rief sie nacheinander bei Namen, aber niemand antwortete. Endlich, als sie an das jüngste kam, da rief eine feine Stimme: „Liebe Mutter, ich stecke im Uhrkasten." Sie holte es heraus, und es erzählte ihr, daß der Wolf gekommen wäre und die andern alle gefressen hätte. Da könnt ihr denken, wie sie über ihre armen Kinder geweint hat.

Endlich ging sie in ihrem Jammer hinaus, und das jüngste Geißlein lief mit. Als sie auf die Wiese kam, so lag da der Wolf an dem Baum und schnarchte, daß die Äste zitterten. Sie betrachtete ihn von allen Seiten und sah, daß in seinem angefüllten Bauch sich etwas regte und zappelte. „Ach Gott", dachte sie, „sollten meine armen Kinder, die er zum Abendbrot hinunter gewürgt hat, noch am Leben sein?" Da mußte das Geißlein nach Hause laufen und Schere, Nadel und Zwirn holen. Dann schnitt sie dem Ungetüm den Wanst auf, und kaum hatte sie einen Schnitt getan, so streckte schon ein Geißlein den Kopf heraus, und als sie weiter schnitt, so sprangen nacheinander alle sechse heraus, und waren noch alle am Leben, und hatten nicht einmal Schaden gelitten, denn das Ungetüm hatte sie in der Gier ganz hinunter geschluckt. Das war eine Freude! Da herzten sie ihre liebe Mutter, und hüpften wie ein Schneider, der Hochzeit hält. Die Alte aber sagte: „Jetzt geht und sucht Wackersteine, damit wollen wir dem gottlosen Tier den Bauch füllen, solange es noch im Schlafe liegt." Da schleppten die sieben Geißerchen in aller Eile die Steine herbei und steckten sie ihm in den Bauch, soviel sie hinein bringen konnten. Dann nähte ihn die Alte in aller Geschwindigkeit wieder zu, daß er nichts merkte und sich nicht einmal regte.

Als der Wolf endlich ausgeschlafen hatte, machte er sich auf die Beine, und weil ihm die Steine im Magen so großen Durst erregten, so wollte er zu einem Brunnen gehen und trinken. Als er aber anfing zu gehen und sich hin und her zu bewegen, so stießen die Steine in seinem Bauch aneinander und rappelten. Da rief er:

„Was rumpelt und pumpelt
In meinem Bauch herum?
Ich meinte, es wären sechs Geißerlein,
So sind's lauter Wackerstein'."

Und als er an den Brunnen kam und sich über das Wasser
bückte und trinken wollte, da zogen ihn die schweren Steine
hinein, und er mußte jämmerlich ersaufen. Als die sieben Geißerlein das sahen, da kamen sie herbei gelaufen, riefen laut:
„Der Wolf ist tot, der Wolf ist tot!" und tanzten mit ihrer Mutter vor Freude um den Brunnen herum.

Grimm, Nr. 5

Eignet sich zum Erzählen besonders im Frühjahr oder Herbst

Dieses Märchen greift eine typische Kindersituation auf: Mutter geht fort – und wir bleiben allein – das ist: unbeschützt – daheim. Wir schließen die Türe zu und lassen keinen Fremden hinein. Alle Kinder haben das erlebt. Allen ist dabei schon bänglich geworden. Alle werden also sofort verstehen, weil bereits gemachte Erfahrungen, die noch dazu mit Ängsten besetzt waren, in ihnen wiederbelebt werden.

Der Grundton

Zuerst hört der Erzieher sich wieder den Text des Märchens ab –: In die Haut welches Erzählers müßte ich schlüpfen, wenn ich es für die Kinder sprechen will? – Welchen Grundton hat dieses Märchen? – …Man kann sich gut vorstellen, daß eine Mutter oder Großmutter für Kinder oder Enkel erzählt. Und der Ton? Er ist ruhig, zuversichtlich, fast sachlich. Der erste Satz signalisiert die Grundstimmung: Die Geiß, die ihre sieben Geißlein „liebhat, wie eine Mutter ihre Kinder liebhat" – diese Versicherung stiftet das nötige Vertrauen, was immer auch geschehen mag. Der Erzählton sollte den Kindern bei aller Sachlichkeit diese Geborgenheitsempfindung mitvermitteln, daß sie ein warmes Gefühl haben beim Hören: „O ja, so lieb soll mich meine Mutter haben" oder „so lieb hat meine Mutter mich auch".

Die Bilder

Dennoch spricht das Märchen nicht von einer Menschenmutter und ihren Kindern, sondern von einer Geiß mit ihren Jungen, es kommt auch kein böser Mensch, sondern ein Wolf. Die Hauptakteure unserer Geschichte sind also in die Bilder „Geiß" und „Wolf" gefaßt. Es wäre also zur Vorbereitung für dieses Märchen wichtig, könnten die Kinder diese Tiere erleben. In den großen Städten, wo es Tierparks gibt, könnte auf einem Gang dorthin der Wolfszwinger im Mittelpunkt der Unernehmung stehen. „Habt ihr schon einmal von Wölfen gehört? Was könnt ihr mir vom Wolf erzählen? – Wir wollen morgen im Tierpark die Wölfe anschauen gehen." Dann lassen wir die Kinder ihre Beobachtungen machen. Am darauffolgenden Tag sammeln wir noch einmal ihre Erlebnisse und lassen sie in der Imagination die Erinnerung noch einmal beleben: „Wir wollen uns jetzt noch einmal ruhig und aufrecht auf unsere Stühle setzen, die Augen schließen und warten, ob wir dann die Wölfe noch sehen können. ...„ Vielleicht wollen sie spielen, was sie gesehen haben; wie die Wölfe sich bewegen, wie sie fressen, wie sie jaulen ... Vielleicht wollen andere Kinder Wölfe malen. Ähnlich könnte es mit der Geiß geschehen. In ländlichen Gegenden gibt es vielleicht noch manchmal eine Ziege zu sehen – sonst müßten wir uns auf Fotos beschränken. Aber es ist sicher gut, wenn die Kinder, bevor sie unser Märchen hören, in ihrer Fantasie zunächst mit den Tieren beschäftigt waren.

Wirkung auf die Kinder

Was erleben die Kinder, wenn sie zuhören? – Sie werden sich spontan mit den Geißlein identifizieren (und wahrscheinlich vor allem mit dem im Uhrkasten) und sie vernehmen nun eine Art Kampf zwischen zwei gegensätzlichen Mächten. Die eine heißt „Mutter" die andere „Wolf". Die Geißenmutter „liebt ihre Kinder", nährt sie – sie ist eine wohlwollende helle Macht (das Geißenfell ist weiß). Wenn wir die Attribute, die unter dem Bild Mutter geschildert werden, nebeneinanderstellen, dann sieht das so aus:
Sie ist hell
sie liebt – also ist sie gut
sie ist nahrungsspendend – denn sie geht Futter holen
sie hat ein Herz – denn sie weint um ihre Kinder
sie ist weise – denn sie weiß sich Rat
sie ist mutig – denn sie geht dem Ungetüm mit der Schere an den Bauch
sie ist die Rettung ihrer verloren geglaubten Kinder.
Die andere Macht dagegen ist dunkel. (Der Wolf hat im Gegensatz zur Geiß ein dunkles Fell). Sie ist dunkel, weil sie bedroht. Sie will fressen, das heißt, sie ist eine verschlingende Macht. Ihre Attribute sind:
Dunkel – von ihr droht Unheil
Verschlingend – sie will das heranwachsende Leben „fressen"
Hinterlistig – sie verstellt sich, um zu ihrem Ziel zu kommen
Verlogen – in ihrer Zielstrebigkeit scheut sie auch Lügen nicht
Unersättlich – nicht mit einem Geißlein ist sie zufrieden, alle will sie haben.

Das Märchen schildert, wie diese beiden gegensätzlichen Mächte sich bekämpfen: Die Mutter hat geboren und genährt, der Wolf kommt und verschlingt. Die Katastrophe wäre vollständig, die Sinnlosigkeit eindeutig, die totale Depression konsequent, wenn das Märchen an dieser Stelle endete. Dann wäre seine Botschaft zynisch. Sie würde lauten: Lieber Mensch, wurstel nur herum in deinem Leben, soviel du willst, streng dich an und mach dir Illusionen über den Sinn deiner Mühen – eines schönen Tages wirst du doch einsehen müssen, daß alles umsonst war, denn gegen die verschlingende Macht ist nicht aufzukommen." Aber unser Märchen endet nicht mit dem Sieg des Wolfes. Seine Botschaft heißt also: „Lieber Mensch, deine Situation ist ernst. Denn du bist unaufhörlich vom Verschlingenden bedroht. Es kommt mit rauher und mit schmeichelnder Stimme, in dunklem und hellem Gewande und ruht nicht in seiner Absicht, dich umzubringen. Du wirst seine zupackenden Krallen zu spüren bekommen und seinem zuschnappendem Maul nicht ganz entraten. Täusch dich darüber nicht. Sieh diesem Weltzustand ins Angesicht. Aber sei dennoch getrost: Denn du kannst gewiß sein, daß die lebengebende Macht stärker ist als die verschlingende. Selbst im Bauch des Ungeheuers darfst du der Rettung gewiß sein, denn du lebst nicht als Fraß für die verschlingende Macht."

So etwa empfinden auch die Kinder. Deshalb atmen sie erlöst auf, wenn der Bauch aufgeschnitten wird und die Geißlein heraushüpfen. Sie erleben in dieser Geschichte den Urkampf der Mächte – deshalb kommt ihnen überhaupt nicht in den Sinn, daß das Bauchaufschneiden „grausam" sein könnte. Gegenüber der Urbedrohung des Verschlungenwerdens und der Errettung aus dem Todesschlund bekommt für das Kind das Bauchaufschneiden gar keinen Gefühlswert. Seine Empfindung und sein Gefühl sind beim archetypischen Geschehen engagiert. – Nur wenn Erwachsene unfähig geworden sind, diesem harten Kampf der Gegensätze von Leben und Tod ins Auge zu sehen, dann verlagern sie die urtümliche Angst vor dem Verschlinger Tod an den Rand und halten sich ungebührlich intensiv beim Bauchaufschneiden auf. Solche Menschen hören dann auch gar nicht mehr die hoffnungsträchtige Botschaft des Märchens. Denn wenn wir uns gar nicht auf den unerbittlichen Ernst des Lebenskampfes einlassen wollen, sondern ihn verharmlosen, dann brauchen wir auch kein Vertrauen in ein „Trotzdem", das uns das Herauskommen aus dem Vernichtungsbauch zusichert. Dann können wir uns stundenlang mit fruchtlosen Diskussionen über die „Grausamkeit der Märchen" die Zeit vertreiben.

Die Kinder im Vorschulalter aber werden noch an der richtigen Stelle von der Angst gepackt: nicht beim Bauchaufschneiden, sondern da, wo das Verschlingende erscheint und die Qualität des Bösen bekommt. – Diesem Verschlingenden, Bedrohenden sind die Kinder alle unzählige Male begegnet. Es hat sich ihnen in unterschiedlicher Intensität gezeigt: Wenn die Eltern verboten haben, was sie so gern tun wollten, wenn Vater oder Mutter zugeschlagen haben, wenn ein Erzieher wütend geworden ist und schrie, wenn sie die Erzieherin im Kindergarten als „ungerecht" oder „lieblos" erlebt haben, wenn die Nacht dunkel und sie allein waren, wenn sie vielleicht von zu Hause fort ins Krankenhaus gebracht worden sind, wenn die Atmosphäre in der Familie „geladen" und unerquicklich war. Sie haben diese Qualität des Bedrohenden im Klang von Stimmen und Geräuschen vernommen, im Umgang mit Kameraden erfahren, aus Bildern ersehen ... Von solchen Erlebnissen ist den Kindern ein sie belastendes Gefühl übriggeblieben – bei den einen ist es stärker vorhanden, bei den anderen schwächer. Dieses undefinierbare scheußliche Gefühl hat vielleicht noch keinen Namen – so können sie es nicht ausdrücken. Sie stehen bedrückt da, oder schauen ängstlich aus den Augen – aber sie können es nicht aussprechen. Mit unserem Märchen jedoch geht ihnen ein Licht auf: „Im Schrank sitzt der Wolf, Mutter, da gehe ich nicht mehr vorbei" oder „Der Wolf ist im Keller", „Der Wolf wohnt in der Tiefgarage". Die Erzieher werden von solchen plötzlichen Bekundungen meist überrascht – sie müssen dann dringend einfühlendes Verständnis aufbringen, denn Auslachen und Wegerklären hilft den Kindern nicht. Man muß sie ernst nehmen und in ihrer Angst bestätigen. Man darf Angst haben, sollen sie wissen. Eine andere Sache ist, wie man ihnen helfen kann, mit ihren Ängsten fertig zu werden. Sie lassen sich am leichtesten im Spiel lösen: „Du bist jetzt der böse Wolf. Ich komme in den Keller, und da fällst du mich an." Wenn dann Eltern und Erzieher im Rollentausch tüchtig vor dem gespielten Ungetüm erschrecken, wird schon eine ganze Portion von der lähmenden Angst heruntergespielt.

Es ist deshalb ratsam, mit den Eltern über solche Erscheinungen im Gefolge des Märchenerzählens zu sprechen. Sie sind dann vorbereitet und werden angemessener reagieren können. Es ist wichtig, daß Eltern und Erzieher wissen, daß die Kinder in den Bildern der Märchen ihre eigene Lebenssituation wiedererkennen – zu dieser Situation gehören auch die Ängste. So kann es sein, daß ein besonders durch Ängste belastetes Kind gerade durch das Hören von Märchen einen Anreiz erhält, diese Ängste zu bearbeiten, damit die Lähmung nachlassen kann. Dadurch wird seine Lebensmöglichkeit entscheidend verbessert werden können. Eine Aussage wie „Im Keller sitzt der Wolf" ist das Signal für ein solches Bearbeitungsbedürfnis. Wenn dann die Erzieher verständnisvoll mithelfen, kommt das Kind einen erlösenden Schritt weiter.

Der Erzähler aber muß sich dessen bewußt sein, daß es seine Aufgabe ist, den nötigen Geborgenheitsraum zu schaffen: durch seine Ruhe, durch seine Stimme, durch gelassenes, langsames Sprechen. Er muß nicht ein interessantes Drama aus dem Märchen machen und überaktiv sein, sondern er soll auf den Ton des Märchens hören. Der gute Erzähler kann einen geistigen Schwingungsraum herstellen, in den er die Kinder mithineinnimmt. Die hörenden Kinder bauen dann gewissermaßen mit an diesem Raum des Erzählens, in dem alle sich wohlfühlen und sich gegenseitig Geborgenheit geben. Dann werden Erzähler und hörende Kinder zu einer intensiven Gemeinschaft, in der es möglich ist, dem Schwierigen, Harten, Bedrohenden, ja dem Bösen selbst ins Gesicht zu sehen, ohne dabei vor Angst vergehen zu müssen.

Ethische Orientierung

Gut ist's, aufzupassen und nicht auf alles hereinzufallen ...
Böse ist, Schwache zu überfallen und zu verschlingen
... Gut ist, den bösen Verschlinger zu überlisten ...
Gut ist, das Verschlungene zu befreien ...
Gut ist, dem jungen Leben zum Sieg zu verhelfen ...

Hinweise zum Symbolverständnis

Geiß – Ziege
Nach Gerd Heinz-Mohr steht sie in China und Indien, sowie bei Griechen und Germanen in Beziehung zur Gottheit. Nach Schliephacke war sie das

erste Milch spendende Haustier und deshalb Sinnbild der Mütterlichkeit und Mutterliebe.

Wolf

„Hungrige Wölfe und Bären haben nach Mitteilung der griechischen Polizei nach starken Schneefällen das Bergdorf Fourka in der Nähe der nordwestgriechischen Stadt Ionnina überfallen und dort 45 Schafe und eine Kuh zerrissen. Viele der Dorfbewohner schlossen sich aus Angst vor den wilden Tieren stundenlang in ihren Häusern ein." (Nachricht aus der Zeitung „Die Welt" vom 29. Oktober 1976)
„Dem in der Wildnis lebenden Wolf, der vom Raub lebt und auch das Aas nicht verschmäht, haftet etwas Dämonisches an. Er steht auf der Nachtseite des Lebens. Bei den Anhängern Zarathustras war der Wolf Symbol des Bösen ... In zahlreichen Mythen und Märchen ist der Wolf Repräsentant der dunklen, lebensbedrohenden Mächte. Auch in der Bibel erscheint der Wolf als ein Bild des Bösen ..." (MLB) „Hütet euch vor den falschen Propheten, die in Schafskleidern zu euch kommen, inwendig aber reißende Wölfe sind", sagt Jesus. „Im Bild des Wolfs zeigt sich auch der Schatten des Menschen, wenn er nicht mit seinen Trieben in Einklang lebt. ... Jede Begegnung mit dem Wolf zielt auf Wandlung." (Schl)

Rotkäppchen

Es war einmal eine kleine, süße Dirne, die hatte jedermann lieb, der sie nur ansah, am allerliebsten aber ihre Großmutter, die wußte gar nicht, was sie alles dem Kinde geben sollte. Einmal schenkte sie ihm ein Käppchen von rotem Sammet, und weil ihm das so wohl stand, und es nichts anders mehr tragen wollte, hieß es nur das Rotkäppchen. Eines Tages sprach seine Mutter zu ihm: „Komm, Rotkäppchen, da hast du ein Stück Kuchen und eine Flasche Wein, bring' das der Großmutter hinaus; sie ist krank und schwach und wird sich daran laben. Mach' dich auf, bevor es heiß wird, und wenn du hinauskommst, so geh hübsch sittsam und lauf nicht vom Weg ab, sonst fällst du und zerbrichst das Glas und die Großmutter hat nichts. Und wenn du in ihre Stube kommst, so vergiß nicht guten Morgen zu sagen und guck' nicht erst in alle Ecken herum."

„Ich will schon alles gut machen", sagte Rotkäppchen zur Mutter, und gab ihr die Hand darauf. Die Großmutter aber wohnte draußen im Wald, eine halbe Stunde vom Dorf. Wie nun Rotkäppchen in den Wald kam, begegnete ihm der Wolf. Rotkäppchen aber wußte nicht, was das für ein böses Tier war, und fürchtete sich nicht vor ihm. „Guten Tag, Rotkäppchen", sprach er. „Schönen Dank, Wolf." „Wo hinaus so früh, Rotkäppchen?" „Zur Großmutter." „Was trägst du unter der Schürze?" „Kuchen und Wein: gestern haben wir gebacken, da soll sich die kranke und schwache Großmutter etwas zugut tun, und sich damit stärken." „Rotkäppchen, wo wohnt deine Großmutter?" „Noch eine gute Viertelstunde weiter im Wald, unter den drei großen Eichbäumen, da steht ihr Haus, unten sind die Nußhecken, das wirst du ja wissen", sagte Rotkäppchen. Der Wolf dachte bei sich: „Das junge, zarte Ding, das ist ein fetter Bissen, der wird noch besser schmecken als die Alte: du mußt es listig anfangen, damit du beide erschnappst." Da ging er ein Weilchen neben Rotkäppchen her, dann sprach er: „Rotkäppchen, sieh einmal die schönen Blumen, die ringsumher stehen, warum guckst du dich nicht um? Ich glaube, du hörst gar nicht, wie die Vöglein so lieblich singen? Du gehst ja für dich hin, als wenn du zur Schule gingst, und ist so lustig haußen in dem Wald."

Rotkäppchen schlug die Augen auf, und als es sah, wie die Sonnenstrahlen durch die Bäume hin und her tanzten, und alles voll schöner Blumen stand, dachte es: „Wenn ich der Großmutter einen frischen Strauß mitbringe, der wird ihr auch Freude machen: es ist so früh am Tag, daß ich doch zu rechter Zeit ankomme", lief vom Wege ab in den Wald hinein und suchte Blumen. Und wenn es eine gebrochen hatte, meinte es, weiter hinaus stände eine schönere, und lief danach, und geriet immer tiefer in den Wald hinein. Der Wolf aber ging geradewegs nach dem Haus der Großmutter, und klopfte an die Türe. „Wer ist draußen?" „Rotkäppchen, das bringt dir Kuchen und Wein, mach' auf." „Drück nur auf die Klinke", rief die Großmutter, „ich bin zu schwach und kann nicht aufstehen." Der Wolf drückte auf die Klinke, die Türe sprang auf und er ging, ohne ein Wort zu sprechen, gerade zum Bett der Großmutter und verschluckte sie. Dann tat er ihre Kleider an, setzte ihre Haube auf, legte sich in ihr Bett und zog die Vorhänge vor. Rotkäppchen aber war nach den Blumen herumgelaufen, und als es so viel zusammen hatte, daß es keine mehr tragen konnte, fiel ihm die Großmutter wieder ein und es machte sich auf den Weg zu ihr. Es wunderte sich, daß die Türe aufstand, und wie es in die Stube trat, so kam es ihm so seltsam darin vor, daß es dachte: „Ei, du mein Gott, wie ängstlich wird mir's heute zumut, und bin sonst so gerne bei der Großmutter!" Es rief: „Guten Morgen", bekam aber keine Antwort. Darauf ging es zum Bett und zog die Vorhänge zurück: da lag die Großmutter, und hatte die Haube tief ins Gesicht gesetzt und sah so wunderlich aus. „Ei, Großmutter, was hast du für große Ohren!" „Daß ich dich besser hören kann." „Ei, Großmutter, was hast du für große Augen!" „Daß ich dich besser sehen kann." „Ei, Großmutter, was hast du für große Hände!" „Daß ich dich besser packen kann." „Aber, Großmutter, was hast du für ein entsetzlich großes Maul!" „Daß ich dich besser fressen kann." Kaum hatte der Wolf das gesagt, so tat er einen Satz aus dem Bette und verschlang das arme Rotkäppchen.

Wie der Wolf sein Gelüsten gestillt hatte, legte er sich wieder ins Bett, schlief ein und fing an überlaut zu schnarchen. Der Jäger ging eben an dem Haus vorbei und dachte: „Wie die alte Frau schnarcht, du mußt doch sehen, ob ihr etwas fehlt." Da trat er in die Stube, und wie er vor das Bette kam, so sah er, daß der Wolf darin lag. „Finde ich dich hier, du alter Sünder", sagte er, „ich habe dich lange gesucht." Nun wollte er seine Büchse anlegen, da fiel ihm ein, der Wolf könnte die Großmutter gefressen haben, und sie wäre noch zu retten: schoß nicht, sondern nahm eine Schere und fing an, dem schlafenden Wolf den Bauch aufzuschneiden. Wie er ein paar Schnitte getan hatte, da sah er das rote Käppchen leuchten, und noch ein paar Schnitte, da sprang das Mädchen heraus und rief: „Ach, wie war ich erschrocken, wie war's so dunkel in dem Wolf seinem Leib!" Und dann kam die alte Großmutter auch noch lebendig heraus und konnte kaum atmen. Rotkäppchen aber holte geschwind große Steine, damit füllten sie dem Wolf den Leib, und wie er aufwachte, wollte er fortspringen, aber die Steine waren so schwer, daß er gleich niedersank und sich totfiel. Da waren alle drei vergnügt; der Jäger zog dem Wolf den Pelz ab und ging damit heim, die Großmutter aß den Kuchen und trank den Wein, den Rotkäppchen gebracht hatte, und erholte sich wieder, Rotkäppchen aber dachte: „Du willst dein Lebtag nicht wieder allein vom Wege ab in den Wald laufen, wenn dir's die Mutter verboten hat."

Grimm, Nr. 26

Besonders gut im Frühling zu erzählen, wenn schon alle Wiesen blühen.

Ein erfrischendes Märchen, bei dem die in Bilder versteckten erotischen Anspielungen auffallen, die deutlich genug, aber – gegenüber den heute üblichen groben sexuellen Aufklärungspraktiken – zart-zurückgenommen sind. Hier wird keine Coitus-Anatomie gelehrt, hier werden Gefühle ins Bild gebracht. Auf diese Weise wird den Kindern eine Möglichkeit angeboten, ihre eigenen noch diffusen Gefühle mit Hilfe der Bilder deutlicher wahrzunehmen und einzuordnen. Kinder erhalten mit diesem Märchen eine Einführung in die Geschlechterbeziehung, die sie ganz bestimmt nicht nur lustvoll, sondern ambivalent erleben werden. Und unser Märchen leistet seinen Beitrag dazu, gerade diese dunkle, unheimlich wirkende, bedrohende Seite zu bearbeiten, anstatt sie zu tabuisieren. Es unterstützt heimlich den Mut, sich unter Umständen diesem Bedrohenden auszuliefern, sich offenen Auges (– was hast du für große Ohren, was hast du für große Augen, Hände, was hast du für ein entsetzlich großes Maul! … –) verschlingen zu lassen, weil dies der einzige Weg ist, auf dem Reife und damit Leben und Heil zu gewinnen sind. Das Mysterium von Liebe und Tod, Untergang und Neuanfang, ist hier in ganz einfache – schon Kindern verständliche – Bilder gefaßt.

Dieses Märchen ist ein Beispiel dafür, wie kindgemäß-bildhaft und mit welch leichter Hand frühere Generationen ihre Kinder in erotische Zusammenhänge eingeführt haben. Ein rotes Käppchen tragen und damit auffallen, das verstehen gewiß schon alle kleinen Mädchen spontan richtig. Rotkäppchen darf es tragen, niemand hindert es daran, im Gegenteil, Großmutter hat ihm das rote Käppchen geschenkt. Alle kleinen Mädchen werden sich gern mit Rotkäppchen identifizieren wollen – und sei es nur als Wunschtraum – wo es doch von ihm heißt, daß es eine „kleine süße Dirne" sei, die „jedermann liebhatte". – Aber auch kleine Jungen werden sich von diesem Märchen angesprochen wissen und sich vielleicht auch partieweise mit Rotkäppchen identifizieren. Das Märchen differenziert nämlich nicht bis ins einzelne geschlechts-spezifisch: Liegt doch beispielsweise der „Wolf" als „Großmutter" in deren Bett und symbolisiert so auch die männliche Angst vor dem Verschlungenwerden durch die „Große Mutter".

Der Grundton

Der Erzieher, der „Rotkäppchen" erzählen will, muß sich wieder zuerst nach dem Grundton fragen und sich das Märchen mehrmals laut vorsprechen ... Wie muß es klingen? ... Ich stelle mir einen frischen Ton vor. Das Rotkäppchen selbst bestimmt ihn mit seiner Lebensfreude und seinem naiv-heiteren Gemüt. Es muß aus dem Ton hörbar sein, daß es unverwundbar ist, daß es durchkommen wird, was auch passieren wird. Wer ist als Erzähler dieser Fassung von „Rotkäppchen" zu denken? Vielleicht ein Großvater, dem es noch aus den Augen blitzt? ... oder eine Großmutter, die das Leben durchlebt und gekostet hat? ... Dieser Erzähler verfügt jedenfalls über Erfahrung. Er hat nicht nur die Sonnen-, sondern auch die Nachtseite des Lebens zugelassen und kann unbehindert von ihr sprechen, und zwar mit einer Gelassenheit, die über den Dingen steht und um Toleranz wirbt. Dieses Märchen zwängt keinen in ein Moralschema, im Gegenteil, es empfiehlt Balancieren als Lebenskunst. Das muß auch im Ton zu hören sein. Keinesfalls darf er streng oder schreckhaft klingen.

Die Bilder

Die Haupt-Bilder, die das Märchen verwendet, sind: Das Kind mit dem roten Samt-Käppchen, die Großmutter, der Wald, der Wolf, der Jäger. „Rotkäppchen" ist in seinen Bild-Symbolen etwas differenzierter als „Der Wolf und die sieben Geißlein", deshalb sollte es erst nach letzterem erzählt werden, dann ist der „Wolf" als verschlingende Macht schon eingeführt. Es bleibt dann eigentlich nur noch „der Jäger", mit dem die Kinder vertraut gemacht werden müßten. Am besten sammelt man erst einmal, was die Kinder wissen und macht allen zugänglich, was einzelnen schon bekannt ist. Vielleicht gibt es einen Vater, der selbst auf die Jagd geht und bereit ist, einmal mit seinem Jagdgewehr in die Kindergruppe zu kommen. Er könnte auch erzählen, warum es notwendig ist, daß Tiere erlegt werden. ... Die Kinder sollten den „Jäger" als den kennenlernen, der für den Wald und seine Ordnung (für die Ökologie) mitverantwortlich ist. Er hat dafür zu sorgen, daß die Tierarten in unseren Wäldern erhalten bleiben, aber auch dafür, daß die überzähligen und Schaden anrichtenden Tiere zur rechten Zeit geschossen werden. Wenn wir uns wuchernden Urwald vorstellen, dann erkennen wir den Jäger oder auch Förster als Repräsentanten und Garanten einer Ordnung, die in einer kultivierten Welt notwendig ist – damit die Füchse nicht die Hühner holen, die Wölfe nicht die Schafe reißen, die Wildschweine nicht die Saaten aufwühlen etc.

Unser Märchen enthält noch ein Symbol, auf das Kinder stark ansprechen: das ist der „Weg". Er spielt in Kinderzeichnungen immer wieder eine Rolle, was leicht nachfühlbar ist, wo es doch nicht nur darauf ankommt, verschiedene Wege von Hause fort und wieder heimfinden zu lernen, sondern auch darauf, seinen Lebensweg zu suchen und zu erkennen. Rotkäppchen wird auch auf einen Weg geschickt und unsere Geschichte bringt ein Stück Lebensweg ins Bild. Wer „auf dem Wege ist", wird Unvorhergesehenes, Abenteuerliches erleben, er kann sich plötzlich in Situationen versetzt sehen, die nicht vorgesehen waren und muß diese bestehen. Solange wir aber noch „Weg" unter den Füßen haben, können wir auch „gehen". Schlimm ist nur, den Weg zu verlieren, sich zu verlaufen und nicht mehr aus und ein zu wissen. In diesem Sinne würde ich auch die in die mütterlichen Mahnungen eingestreute Weisung „geh hübsch sittsam und lauf nicht vom Weg ab", sowie den Schlußsatz verstehen: Rotkäppchen aber dachte: „Du willst dein Lebtag nicht wieder allein vom Wege ab in den Wald laufen, wenn dir's die Mutter verboten hat." Ich würde diese Sätze nicht – wie es leicht geschieht – im moralischen Sinne eng und als drohenden Zeigefinger erleben, das verbietet sich schon vom Ton her, den das ganze Märchen an sich hat. „Weg" wird von den Kindern unseres Alters gewiß als „Bild" verstanden, denn „Weg", das ist eine Spur, auf der gegangen werden kann, „vom Weg ab in den Wald laufen", bedeutet dementsprechend, den Weg verlieren, nicht mehr weitergehen können, erliegen.

Wirkung auf die Kinder

Rotkäppchen und die Großmutter werden verschlungen – erleben die Kinder. Rotkäppchen und die Großmutter werden gerettet – erleben sie ebenfalls: So geht's zu auf der Welt, sagt das Märchen. So wie uns jeden Abend unweigerlich die Nacht in ihr Dunkel schlingt und uns allmorgendlich wieder in die Helligkeit entläßt, so wie uns alljährlich zur Wintersonnenwende die Dunkelheit wie in ein finsteres Todesloch reißt und dann mit

Sicherheit dem Leben wiedergibt – so ergeht es Rotkäppchen. Die Kinder haben alle das Vorwissen, daß sie auch „Rotkäppchen" sind, und daß sie um solche Erlebnisse nicht herumkommen werden – wie immer sie aussehen mögen. Je nach ihren individuellen Vor-Erlebnissen wird es ihnen mehr oder weniger bange dabei sein. Sie werden sich unbewußt dieser Lebenssituation aussetzen und sich Ermutigung erhorchen: im Grundton, aus dem rettenden Schluß.

In „Rotkäppchen" taucht – wie in „Der Wolf und die sieben Geißlein" – der Wolf als Gegenmacht auf, die verschlingen will. Aber diesmal stehen ihm keine sieben Geißlein sächlichen Geschlechts gegenüber, sondern „ein junges zartes Ding", das „besser schmecken wird als die Alte" und eindeutig etwas appetitlich Weibliches an sich hat. So hat sich denn auch die verschlingende Es-Macht aus dem Geißlein Märchen hier in Richtung auf einen männlichen Verschlinger herausdifferenziert.

Diese Gegenmacht gibt sich wieder freundlich-falsch: „Sieh einmal die schönen Blumen ... wie die Vöglein so lieblich singen ... es ist so lustig haußen im Wald ..." Diese Freundlichkeit hat etwas Verführerisches und von Rotkäppchen heißt es, daß sie darauf reagierte indem sie „die Augen aufschlug". Aber auch hier entpuppt sich die Macht, die sich so freundlich gibt, als verschlingende. Die Großmutter wird verschluckt und auch die süße kleine Dirne verschwindet im finstern Schlund. Unsere Kinder werden ganz bestimmt von dem Dialog Rotkäppchens mit dem als Großmutter verkleideten Wolf stark beeindruckt sein (Vorsicht in der Stimme beim Sprechen! Nicht den Grundton verlassen!) Das Kind schaut ihm mit seiner vertrauenden Naivität wacker ins Gesicht, obwohl ihm selbst nicht mehr geheuer ist und bringt seine Wahrnehmungen der Veränderung zum Ausdruck: „Ei Großmutter, was hast du für große Ohren!" ... „.. für große Augen!" „..für große Hände!" „.. für ein entsetzlich großes Maul!" Das Gepackt- und Verschlungen-werden wird schrittweise vorbereitet, so daß der Charakter höchstdramatisch wird. Gerade deshalb muß der Grundton beibehalten werden. Denn dieses Märchen will nicht schrecken, im Gegenteil: es will Mut und Zuversicht wecken. Es verändert nicht die Realität. Das Harte darf hart, das Schwierige schwierig, das Schmerzhafte schmerzhaft bleiben. Aber es verändert die Haltung dieser Realität gegenüber: Vertrau dem Leben. Dieses Vertrauen wird vor allem durch die Gelassenheit des Erzählers, die in seinem Erzählton zum Ausdruck kommt, provoziert. Hinter dem Ton muß zu hören sein: „Hab keine Angst, schau, ich bin auch durchgekommen, ich weiß, daß man durchkommt, wenn man nur auf seinem eigenen Wege bleibt: ich auf dem meinen, du auf dem deinen, jener auf dem seinen, jene auf dem ihren …. Auf dem Wege bleiben, das ist wichtig, das mußt du lernen." – (Das wird natürlich einer erfahrenen Erzieherin leichter fallen als einer, die noch sehr jung ist und die Gelegenheiten für den Erwerb von Erfahrungen noch eher vor als hinter sich liegen hat. Um so mehr müssen junge Erzieher dem Ton des Märchens gehorsam sein, sie dürfen nicht sich selbst sprechen und ihrer unbekümmerten Lust am Dramatisieren des Geschehens den Lauf lassen. Sie müssen sich vor den Kindern disziplinieren.)

Ethische Orientierung

Lebenslust – ein rotes Käppchen tragen – ist gut.
Hinterlistige Lust, die verschlingen will, ist böse.
Das Unschuldig-Verlorene retten, das ist gut.
Den bösen Verschlinger besiegen, das ist gut.
Auf dem rechten Weg bleiben ist gut.
Den Weg verlassen, kann gefährlich werden.
Du mußt dich einlassen auf die Mächte, die dir unterwegs begegnen – aber schärfe deine Wahrnehmung!
Hab Vertrauen – aber sei im Einzelfall nicht vertrauensselig!
Bei „Rotkäppchen" fällt besonders auf, was eigentlich alle Märchen an sich haben: nämlich die ambivalente Spannung, die auch die Orientierung bestimmt. Nie geben die Märchen ein-deutige Ratschläge (auch dann nicht, wenn es Leser oder Zuhörer gibt, die sie nur rational-ein-deutig zu verstehen vermögen). Eindeutig in den Märchen ist nur, daß sie das Grundvertrauen ins Leben unterstützen wollen. Ansonsten fordern sie auf zu wagen, auszupendeln, das Gleichgewicht zu suchen. Sie leben von Bewegung und Gegenbewegung. Oft ist der Handlungsverlauf tragisch, aber der Ton so heiter oder geradezu lustig, daß er als Gegenbewegung die tragische Situation aufhellt. So ist auch hier die Weisung, die sich ein Kind erhorchen kann, nicht eindeutig. Es bleibt eine Spannung, die zum Reiz des Lebens gehört.

Hinweise zum Symbolverständnis

Rot

„Rot ist die Liebe" sagt der Volksmund. „Rot ist die Farbe des Blutes, des Gesunden und Schönen; als Abbild des Feuers und Gegenbild zu Schwarz wurde es zur Farbe kraftvollen männlichen Lebens und Rechts. Darum hat Wotan als „Wilder Jäger" einen roten Bart. Rot war das Band, mit dem bei Griechen und Germanen die Gerichtsstätte eingehegt wurde." (Schl)

Im Russischen bedeutet das Wort „rot" gleichzeitig „schön". Rot sinnbildet Leben. Rot ist aber auch „Ausdruck unbeherrschter Leidenschaft und Triebe wie Haß, Grausamkeit und Unzucht." (MLB)

Großmutter

Sie hat hier gewiß Verwandtschaft mit der „Alten im Wald", wie sie schon bei „Der süße Brei" aufgetaucht ist. Auch hier ist sie dem jungen Leben freundlich gesonnen.

Weg

„Wie alles Geschöpfliche befindet sich der Mensch in ständiger Bewegung, und jede in Raum und Zeit sich abspielende Bewegung beschreibt einen Weg. Jedes Handeln des Menschen gehört zu seinem Lebensweg. Die Ägypter erblickten den sichtbaren Hinweis für ihren Lebensweg im Lauf der Sonne, aus ihm schöpften sie auch Hoffnung auf ein Weiterleben nach dem Tode." ... (MLB)

Es scheint eine Ur-Sorge des Menschen zu sein, den rechten Weg zu finden. In den Psalmen z.B. beteten Juden und Christen jahrtausendelang im Bild des „Weges" „Lehre mich, Herr, deinen Weg." (Ps 85, 11; 26 11) „Ebne mir deinen Weg." (5,9) „Deine Wege zeige mir an." (24,4) „Du hast meinen Schritten breite Straßen geschaffen." (17, 37) – Jesus sagt von sich: „Ich bin der Weg."

„Alle Religionen versuchen, ihren Anhängern den rechten Weg durch das Leben zu weisen." (MLB)

Jäger

„Sinnbild der Lebensordnung, Vertreter des geistigen Prinzips, kommt als Sinnbild des prüfenden und helfenden Geistes vor." (Schl)

Wolf - s. „Der Wolf und die sieben Geißlein" (Seite 69)

Die Heckentür

Es war einmal eine Frau, die hatte zwei Kinder, einen Jungen und ein Mädchen. Eines Tages ging sie auf die Reise und sagte zu ihnen: „Hört einmal, Kinder, ich reise fort, und ihr bleibt allein daheim, drum paßt mir ja hübsch auf die Heckentür auf!" Sie meinte damit, sie sollten sorgen, daß sich kein Spitzbube hineinschliche.

Eine Weile war sie schon fort, da bekamen die Kleinen Langeweile, und der Bruder sagte zur Schwester: „Komm, wir wollen ein wenig hinaus in den Wald, und die Heckentür nehmen wir mit, dann ist's gut!" Da war sie zufrieden, und sie gingen hinaus in den Wald. Aber wie sie da herumliefen, verirrten sie sich, und die Nacht überfiel sie, so daß sie wohl sahen, sie würden doch nicht mehr heimkommen, und vor Angst kletterten sie auf einen Eichbaum, um dort bis zum Morgen zu bleiben, damit sie nicht von den wilden Tieren zerrissen würden.

Eine Zeitlang haben sie da gesessen, da kommen Spitzbuben, die schleppen einen großen Haufen Geld zusammen, den zählen sie. Da halten sich die Kleinen ganz still im Baum, damit sie nicht von den Männern bemerkt werden. Aber endlich kann sich der Bruder doch nicht mehr halten und sagt zur Schwester: „Ich muß einmal was Kleines machen." – „Na, so tu's!" Da tut er's, die Spitzbuben aber zählen ruhig weiter und sagen: „'s ist ein wenig Regen, der fällt." Wieder nach einer Weile sagt der Bruder zur Schwester: „Ich kann's nicht länger halten, ich muß was Großes machen." – „Na, so tu's!" Da tut er's, aber die Spitzbuben zählen ihr Geld ruhig weiter und sagen: „'s ist ein wenig Mist von den Vögeln, die im Baume sitzen." Nun sitzen sie wieder lange still, da sagt auf einmal der Bruder: „Ich kann die Heckentür nicht mehr halten!" – „So wirf sie hinab!" sagt die Schwester. Da wirft er sie hinab, und sie fällt mitten unter die Spitzbuben, und die laufen eiligst davon und rufen: „Gehn die Wol-ken hier, gehn die Wol-ken hier!"

Nun war's aber Morgen geworden, und da stiegen Bruder und Schwester hinab vom Baume und nahmen die Heckentür und das Geld, das die Spitzbuben im Stich gelassen, dazu und kamen glücklich wieder nach Hause. Die Mutter ging ihnen schon entgegen und jammerte und schalt, daß sie nicht auf die Heckentür aufgepaßt hätten und nun die Spitzbuben dagewesen seien und das ganze Haus ausgeräumt hätten. Die Kleinen aber erzählten alles, wie es ihnen im Walde ergangen war, und da war sie froh. Und von dem Gelde kaufte sie neue Kleider und neues Gerät dazu, und es blieb noch so viel übrig, daß sie ihr Leben lang alle drei daran genug hatten.

Aus
„Die Märchentruhe", herausgegeben von Vilma Mönckeberg,
© Verlag Heinrich Ellermann, München 1968

Jederzeit zu erzählen möglich

Das Märchen von der Heckentür ist ein besonders hintergründiges Märchen. Es kann auf verschiedenen Ebenen verstanden werden, weil es in die verschiedensten Schichten schwingt. Von der Verlaufsebene der Märchenhandlung her ist es so simpel, daß es schon für fünf- bis sechsjährige Kinder erzählt werden kann. Seine Hintergrundsproblematik hat noch Erwachsenen etwas zu sagen.

Der Grundton

Welcher Grundton bestimmt das Märchen von der Heckentür? – Nach mehrmaligem lauten Sprechen wird sich wahrscheinlich herausstellen, daß diese Geschichte einen verhalten-heiteren Grundton verlangt. Die Mutter geht zwar auf Reisen und läßt ihre Kinder allein, aber das macht keine Angst. Auch ihr Gebot: „Paßt mir ja hübsch auf die Heckentür auf!" ist von strenger Pedanterie weit entfernt, was sprachlich schon durch das Wörtchen „hübsch" angedeutet wird, welches etwa signalisiert: so ganz entsetzlich streng und tragisch ist es um diese Sache nicht bestellt. Der Erzähler weiß um den glücklichen Ausgang des ganzen Abenteuers, was ihn dazu bestimmen wird, das Verirren im Wald und die Angstsituation auf dem Baum nicht auf eine Weise zu dramatisieren, die die Kinder erstarren läßt. Der Ton bleibt trotz des Ernstes leicht. Erst recht sollte das drastische Geschehen, dem sich der Bruder notgedrungen auf dem Baum hingeben muß, eher lustig wirken.

Die Bilder

Das Märchen von der Heckentür verwendet eine ganze Menge von Bildern mit symbolhaftem Charakter. Das Hauptbild ist die Heckentür, die den heutigen Kindern nicht mehr geläufig ist. Sie setzt eine gewachsene Umhegung eines Grundstücks voraus, die einen Zugang zum Haus hat. Diese Öffnung in der lebendigen Hecke ist durch eine Tür zu öffnen und zu schließen, die dort an zwei Pfählen installiert ist und zum Beispiel leicht aus den Angeln gehoben werden kann. Wir müssen uns diese Gattertür am besten aus Holz gefertigt vorstellen.
Die Kinder machen wir in zwei verschiedenen Schritten zunächst mit „Hecke" und dann mit „Tür" vertraut. Wir erforschen, ob sie mit dem

Wort vertraut sind, lassen sie dann von Hecken, die sie gesehen haben, berichten, regen sie an, auf Hecken zu achten, an denen sie vielleicht täglich vorübergehen, lassen uns erzählen, was sie dort beobachtet haben: Hecken wachsen, Hecken sind dicht, Hecken können hoch werden, Hecken kann man beschneiden, Hecken können blühen, Hecken können ihre Blätter verlieren ... Hecken umgeben ein Feld, einen Garten, ein Haus ... Wir lassen sie Hecken malen, basteln ...

Wir wecken in ihnen die Vorstellung, daß eine undurchdringliche Hecke keinen Zugang hätte ... Man könnte nicht hinein, nicht sehen, was hinter der Hecke ist ... bliebe ausgesperrt ... wie gut, wenn es eine Tür gibt ... Türen, die verschlossen sind ... Türen die geöffnet werden können ... Die Kinder gehen alle Tage so selbstverständlich durch Türen, daß ihnen gut tut, die eröffnende oder aus-schließende Funktion einer Tür ins Gespür zu bekommen.

Ein anderer Symbolbereich ist mit den Bildern „Wald", „Eichbaum" und „wilde Tiere" umschrieben. Auch dieser Bereich sollte durch Anschauung, Beobachtung, durch Sammeln von Erinnerungen in die lebendige Vorstellung der Kinder geholt werden.

Ein dritter Bereich wird mit den Bildern „Spitzbube" und „Haufen Geld" skizziert. Auch er sollte vor dem Erzählen den Kindern erlebbar gemacht werden.

Spitzbuben sind Diebe, die heimlich kommen, die mitnehmen, was ihnen wertvoll erscheint. Wer es nicht gerade mit Kindern aus asozialen Verhältnissen zu tun hat, kann z. B. bei rhythmischen Übungen (zu einer geeigneten Musik) die Kinder „wie Spitzbuben schleichen" lassen oder zu pantomimischen Übungen anregen: „Ein Spitzbube schleicht sich nachts in ein Haus ..." Manchmal zählen Kinder gern Pfennige, der rötliche Glanz des Kupfers – besonders neuer Münzen natürlich – hat eine eigene Anziehungskraft. Es könnten sich durchaus auch Überlegungen zum Umgang mit Geld anschließen.[9]

Das letzte Bild heißt „neue Kleider" – doch davon bringen die heutigen Kinder wahrscheinlich eine Vorstellung mit.

Wirkung auf die Kinder

Unser Märchen hält eine archetypische Situation fest: Kinder kommen in die Lage, ohne elterliche Behütung und Bevormundung etwas wagen und entscheiden zu müssen. Unsere Kinder haben eine solche Situation noch nicht erlebt. Aber im Märchen lernen sie vorauszuahnen, was das bedeuten mag. Sie bekommen vielleicht eine erste Andeutung, daß auch sie irgendwann einmal auf so etwas gefaßt sein müssen. Erste Lebenseinweihung geschieht, und zwar mit leichter Hand, ohne Aufhebens und ohne großes Gesums oder Aufklärerei. Wache Kinder aber mögen ihre inneren Ohren spitzen und sich innerlich vorbereiten. Sie werden zwar nicht darüber sprechen können – aber dies ist gar nicht nötig. So wie „viel Korn in der Winternacht wächst", so bereitet sich scheinbar unmerklich in der frühen Kindheit Lebens-Erfahrung vor.[10]

Was die Kinder im Vorschulalter aber bei diesem Märchen wahrscheinlich schon verbal signalisieren können, das sind ihre Ängste. Oder wenn sie es nicht von selbst tun, könnten die Erzieher sie dazu provozieren. Denn ganz gewiß identifizieren sie sich mit dem Pärchen auf dem Eichbaum, das „sich ganz stillhält in dem Baum, damit die Männer sie nicht bemerken sollen". Es geschieht zwar durch den Handlungsablauf in diesem Märchen schon eine Art Angstbewältigung, aber sicher tut den Kindern gut, wenn sie einmal von ihren Ängsten sprechen können – oder davon, daß „sie keine Angst haben" – was eigentlich bedeutet, daß sie keine haben sollen, weil ihre Eltern das nicht gut finden. Das Märchen schildert das dramatische Geschehen zwischen den beiden im Baum und den Spitzbuben da unten und löst die Angst dadurch auf, daß die Spitzbuben sich erschrecken lassen, alles stehn und liegenlassen und fliehen. Unsere Kinder werden so unterschwellig ermutigt, in der Angst tapfer zu sein, was ihnen in heiklen Situationen sehr zustatten kommen kann, denn bekanntlich lassen sich draufgängerische Typen durch panische Angst erst recht provozieren und reizen. Kinder mit Selbstvertrauen werden viel seltener angegriffen. All solche Lebensregeln erlauscht sich das Kind aus einer solchen Geschichte. Und wir Erzieher brauchen und dürfen da nichts „erklären", das Kind versteht in diesen Bildern auf seine Weise – sofern es nicht so geschädigt ist, daß es gar nicht aufnehmen kann. Aufgabe des Erziehers ist es aber, mit wacher Aufmerksamkeit die Angst-Äußerungen der einzelnen Kinder zu beachten und zu notieren – eventuell in die Karteikarten der Kinder, sie können in akuten Fällen wichtige Aufschlüsse geben. – Für die Kinder ist es wichtig, daß sie in ihrem Angsthaben bestätigt werden: es ist nicht „verboten“, Angst zu haben. Sie entnehmen dem Märchen, Ängste zu haben ist menschlich. Aber Ängste können verschwinden, wenn wir sie durchstehen und uns ihnen stellen. Ängste können sich auch in Gelächter auflösen.

Ethische Orientierung

In diesem Märchen ist ein ethischer Ansatz mitverpackt, der für den Reifungsweg eines jeden Menschen von hoher Bedeutung ist. Er läßt sich so umschreiben: Irgendwann kommt unweigerlich auch für dich wie für jeden Menschen der Moment, wo bergende Gehege verlassen, schützende Hecken (= Grenzen) überschritten oder durchbrochen werden müssen. Anders ist das Glück – das heißt hier: Reifung zum Erwachsenwerden – nicht zu machen. Eine solche Überschreitung hat Abenteuercharakter. Du weißt nicht, wie es dir „hinter der Grenze“ ergehen wird. Angst, Not und Bedrängnis wirst du durchstehen müssen – aber sei zuversichtlich: Gerade dieses Wagnis bringt dir das Glück und den guten Ausgang. Am Ende bekommst du „neue Kleider und neues Gerät dazu“ – das heißt: einen neuen Lebensraum und neue Geborgenheit. (Siehe dazu das Symbolverständnis von „Kleid“ in „Die Sterntaler“)
Eine allererste Urerfahrung dieses Lebensgesetzes haben unsere Kinder schon hinter sich gebracht: sie alle haben die erste schützende Geborgenheit im Mutterschoß erlebt und sie verlassen müssen. Dieser Durchtritt war vielleicht hart, Neugeborene müssen Veränderungen durchleben, Härten (Kälte und Hunger z.B.) spüren, Unbekanntes erfahren. Aber sie sind durchgekommen. Sie haben neue Bergung erfahren und sei sie nur minimal gewesen. Denn wäre dies nicht geschehen, so lebten sie nicht mehr.
Das Märchen von der Heckentür ermutigt die Kinder – ohne daß andere Worte als die dieser Geschichte aufklärend verwendet werden müßten – dem Lebensdrang stattzugeben, der diesem Gesetz des Vorwärtsgehens und Verlassenmüssens gehorsam ist.

Hinweise zum Symbolverständnis

Haus
siehe „Die Sterntaler“ (Seite 57)

Hecke – Zaun – Grenze
Sie hegen einen Bereich ein, der dem Wildwuchs entrissen wurde. Innerhalb dieses Geheges hat der Mensch sich eine Stätte bereitet, dort ist er zuhause.

„Grenzen sind Anzeichen für bestimmte Lebensstationen ... Grenzüberschreitung bedeutet immer Bruch eines Tabus und Gewinnung neuer Erkenntnis. Der große Grenzüberschreiter der Griechen ist daher Hermes, der ebenso kluge, erfinderische wie listige Gott." (Schl)

Tür – Tor
„Je nachdem, ob sie geöffnet oder geschlossen ist, ermöglicht oder verhindert die Tür den Durchgang. Mit Tür und Tor ist die Vorstellung der Schwelle zwischen zwei Bereichen verbunden, dem Draußen und Drinnen, dem Heute und Morgen, dem Profanen und dem Sakralen." (MLB) –
„Eine Tür lädt immer ein, sie zu durchschreiten." (GHM)

Wald
siehe „Die Sterntaler" (Seite 58)

Wilde Tiere
machen Angst. Der Mensch sucht sich vor ihnen zu schützen. Im Märchen bezeichnen „wilde Tiere" elementare Kräfte und Triebe in Leib und Seele des Menschen. Oft ist verlangt, daß man ihnen furchtlos begegnet oder daß man sie füttert, ihnen opfert. Dann wird man gerettet.

Geld
„Ein Haufen Geld oder Gold läßt im Märchen auf einen allgemeinen Energievorrat schließen, der je nach den Umständen positiv oder negativ sein kann." (Schl)

Die drei Federn

Es war einmal ein König, der hatte drei Söhne, davon waren zwei klug und gescheit, aber der dritte sprach nicht viel, war einfältig und hieß nur der Dummling. Als der König alt und schwach ward und an sein Ende dachte, wußte er nicht, welcher von seinen Söhnen nach ihm das Reich erben sollte. Da sprach er zu ihnen: „Ziehet aus, und wer mir den feinsten Teppich bringt, der soll nach meinem Tod König sein." Und damit es keinen Streit unter ihnen gab, führte er sie vor sein Schloß, blies drei Federn in die Luft und sprach: „Wie die fliegen, so sollt ihr ziehen." Die eine Feder flog nach Osten, die andere nach Westen, die dritte flog aber geradeaus und flog nicht weit, sondern fiel bald zur Erde. Nun ging der eine Bruder rechts, der andere links, und sie lachten den Dummling aus, der bei der dritten Feder, da wo sie niedergefallen war, bleiben mußte. Der Dummling setzte sich nieder und war traurig und versann sich. Da bemerkte er auf einmal, daß neben der Feder eine Falltüre lag. Er hob sie in die Höhe, fand eine Treppe und stieg hinab. Da kam er vor eine andere Türe, klopfte an und hörte, wie es inwendig rief:

„Jungfer grün und klein,
Hutzelbein,
Hutzelbeins Hündchen,
Hutzel hin und her,
Laß geschwind sehen, wer draußen wär'."

Die Türe tat sich auf, und er sah eine große, dicke Itsche (Kröte) sitzen und rings um sie eine Menge kleiner Itschen. Die dicke Itsche fragte, was sein Begehren wäre. Er antwortete: „Ich hätte gerne den schönsten und feinsten Teppich." Da rief sie eine junge und sprach:

„Jungfer grün und klein,
Hutzelbein,
Hutzelbeins Hündchen,
Hutzel hin und her,
Bring' mir die große Schachtel her."
Die junge Itsche holte die Schachtel, und die dicke Itsche
machte sie auf und gab dem Dummling einen Teppich daraus,
so schön und so fein, wie oben auf der Erde keiner konnte ge-
webt werden. Da dankte er ihr und stieg wieder hinauf.
Die beiden andern hatten aber ihren jüngsten Bruder für so al-
bern gehalten, daß sie glaubten, er würde gar nichts finden und
aufbringen. „Was sollen wir uns mit Suchen große Mühe geben", sprachen sie, nahmen dem ersten besten Schäfersweib,
das ihnen begegnete, die groben Tücher vom Leib und trugen
sie dem König heim. Zu derselben Zeit kam auch der Dummling zurück, und brachte seinen schönen Teppich, und als der
König den sah, erstaunte er, und sprach: „Wenn es dem Recht
nach gehen soll, so gehört dem jüngsten das Königreich." Aber
die zwei andern ließen dem Vater keine Ruhe und sprachen,
unmöglich könnte der Dummling, dem es in allen Dingen an
Verstand fehlte, König werden, und baten ihn, er möchte eine
neue Bedingung machen. Da sagte der Vater: „Der soll das
Reich erben, der mir den schönsten Ring bringt", führte die
drei Brüder hinaus, und blies drei Federn in die Luft, denen sie
nachgehen sollten. Die zwei ältesten zogen wieder nach Osten
und Westen, und für den Dummling flog die Feder geradeaus
und fiel neben der Erdtüre nieder. Da stieg er wieder hinab zu
der dicken Itsche und sagte ihr, daß er den schönsten Ring
brauchte. Sie ließ sich gleich ihre große Schachtel holen und
gab ihm daraus einen Ring, der glänzte von Edelsteinen und
war so schön, daß ihn kein Goldschmied auf der der Erde hätte

machen können. Die zwei ältesten lachten über den Dummling, der einen goldenen Ring suchen wollte, gaben sich gar keine Mühe, sondern schlugen einem alten Wagenring die Nägel aus und brachten ihn dem König. Als aber der Dummling seinen goldenen Ring vorzeigte, sprach der Vater abermals: „Ihm gehört das Reich." Die zwei ältesten ließen nicht ab den König zu quälen, bis er noch eine dritte Bedingung machte und den Ausspruch tat, der sollte das Reich haben, der die schönste Frau heimbrächte. Die drei Federn blies er nochmals in die Luft, und sie flogen wie die vorigen Male.

Da ging der Dummling ohne weiteres hinab zu der dicken Itsche und sprach: „Ich soll die schönste Frau heimbringen." „Ei", antwortete die Itsche, „die schönste Frau! Die ist nicht gleich zur Hand, aber du sollst sie doch haben." Sie gab ihm eine ausgehöhlte gelbe Rübe mit sechs Mäusen bespannt. Da sprach der Dummling ganz traurig: „Was soll ich damit anfangen?" Die Itsche antwortete: „Setze nur eine von meinen kleinen Itschen hinein." Da griff er auf Geratewohl eine aus dem Kreis und setzte sie in die gelbe Kutsche, aber kaum saß sie darin, so ward sie zu einem wunderschönen Fräulein, die Rübe zur Kutsche, und die sechs Mäuschen zu Pferden. Da küßte er sie, jagte mit den Pferden davon und brachte sie zu dem König. Seine Brüder kamen nach, die hatten sich gar keine Mühe gegeben, eine schöne Frau zu suchen, sondern die ersten Bauernweiber mitgenommen. Als der König sie erblickte, sprach er: „Dem jüngsten gehört das Reich nach meinem Tod." Aber die zwei ältesten betäubten die Ohren des Königs aufs neue mit ihrem Geschrei: „Wir können's nicht zugeben, daß der Dummling König wird," und verlangten, der sollte den Vorzug haben, dessen Frau durch einen Ring springen könnte, der da mitten in dem Saal hing. Sie dachten: „Die Bauernweiber können das wohl, die sind stark genug, aber das zarte Fräulein springt sich tot." Der alte König gab das auch noch zu. Da sprangen die zwei Bauernweiber, sprangen auch durch den Ring, waren aber so plump, daß sie fielen und ihre groben Arme und Beine entzweibrachen. Darauf sprang das schöne Fräulein, das der Dummling mitgebracht hatte, und sprang so leicht hindurch wie ein Reh, und aller Widerspruch mußte aufhören. Also erhielt er die Krone, und hat lange in Weisheit geherrscht.

Grimm, Nr. 63

Erzählt man zu einer Jahreszeit, da noch Kröten zu finden sind

Dieses Märchen ist ursprünglich gewiß kein Kindermärchen. Dennoch enthält es Elemente und Bilder, die Kinder unseres Alters schon beeindrucken. Zum Beispiel das Moment des In-die-Tiefe-steigens, wo Schätze empfangen werden, die den Aufgaben entsprechen. Diese Bewegung nach unten, die einem Hinabsteigen ins eigene Innen gleichkommt, halte ich in der gegenwärtigen Situation, in der unsere Kinder so stark außengeleitet werden, für besonders wichtig. Bedeutungsvoll ist es auch, den Aufstieg des sogenannten „Dummling" zu erleben. Wieviele Kinder gelten als dumm, weil sie anders begabt sind, als heute honoriert wird. Sie haben Anlagen, die ein reiches Innenleben begünstigen, können sie aber nicht entfalten, weil sie nicht oder viel zu wenig daraufhin angesprochen werden. Also können sie nicht zeigen, welche Kräfte in ihnen stecken. Sie werden für schwachbegabt gehalten, erleben immer wieder, daß sie zu langsam und verträumt sind, um mit der „Aufgewecktheit" anders begabter Kinder (vielleicht sind es sogar Geschwister) konkurrieren zu können und ergeben sich in das Los, für „Dummlinge" gehalten zu werden oder entwickeln sich zu Verhaltensgestörten. Dieses Märchen bestätigt solche Kinder und stärkt ihr Selbstvertrauen: wart ab, irgendwann wird es an den Tag kommen, was in deiner Tiefe steckt. – Ausgesprochen kindgemäß ist außerdem der schöne Hutzel-Vers. Ich würde ihn für die Kinder auch noch die beiden anderen Male einfügen, da der Dummling zu der Itsche kommt und eventuell beim letzten Mal statt „bring mir die große Schachtel her" „bring mir die gelbe Rübe her" sagen.

Der Grundton

Welchen Ton verlangt dieses Märchen? – ich würde meinen, daß er sachlich, berichtend, sein muß, daß er kräftig sein darf, weil hier gegen eine Menge Hindernisse schließlich doch der Gerechtigkeit zum Siege verholfen wird.
Dem Erzähler oder Vorleser wird wahrscheinlich nicht ganz leicht fallen, den Ton für den Vers zu finden. Am besten spricht man ihn in verschiedenen Versionen, dann merkt man am ehesten, was daneben ist und welcher Ton trifft. Der Spruch selbst ist ja im rationalen Bereich sinnlos, er stellt einfach eine gelautete Formel dar, die wiederholt wird, wenn etwas signalisiert werden soll, dem eine besondere Bedeutung zukommt. Und diese

Signalwirkung sollte im Sprechton spürbar werden. Ich stelle mir vor, daß die alte Itsche diesen Spruch in einem rhytmischen Ton spricht, der an ein Murmeln erinnert.

Mit den Kindern sollte dieser Vers des öfteren als Sprech-Spiel gesprochen werden, aus purem Vergnügen an dem Rhythmus, an den Hutzel-Lauten und aus Spielfreude. Außerdem übt sich ihr Gedächtnis.

Die Bilder

Dieses Märchen ist sehr bilderreich. Ich will nur diejenigen herausgreifen, die für unsere Kinder wichtig sind: die Federn, das Tiefunten, die Türen, die Itsche und die große Schachtel.

Die in die Luft geblasenen Federn bringen hier ins Bild, wie Schicksal uns zu-fällt. Die Kinder sollten mit Federn umgegangen sein. Die verschiedensten Federn mitbringen, damit sie ihre Beobachtungen mit ihnen machen können, vielleicht läßt sich mit ihnen ein Federschmuck machen oder ein „Federball" – eben mit richtigen Federn … Sie sollten erlebt haben, wie leicht Federn im Vergleich zu anderen Gegenständen sind, der Ausdruck „federleicht" könnte in ihren Sprachschatz aufgenommen werden, sie sollten wahrgenommen haben, wie sich Federn in der Luft verhalten, wie sie niederfallen etc.

Das Tiefunten, die Türen und die große Schachtel werden den Kindern im Märchen wohl deutlich genug vorgestellt. Sollte es allerdings irgendwo eine Gelegenheit geben, eine Falltüre, die in einen Keller führt, zu erleben, dann sollte den Kindern ein solches Erlebnis nicht vorenthalten werden. Dieses Hinabsteigen wird ihnen bestimmt unvergeßlich in Erinnerung haften.

Die Itsche in unserem Märchen ist eine Kröte. Frosch und Kröte sind uralte Symbole, die häufiger im Märchen vorkommen. In Symbollexika ist zu lesen, daß sie Geburt und Wiedergeburt, ja Auferstehung symbolisieren. Im Froschkönig z. B. wird auch eine Wandlung, eine Art Neugeburt gezeigt. Die alte Itsche hier verhilft dem Dummling ebenfalls zu einer Art „Auferstehung", die sich darin bildhaft zeigt, daß der für dumm Gehaltene der eigentliche König ist und auch die Nachfolge seines Vaters antreten darf: er erhält die Krone. Doch das werden wir den Kindern nicht erzählen. Für sie ist vor allem wichtig, daß sie „Itschen", also Frösche und

Kröten sehen, vielleicht auch anfassen können, daß sie beobachten können, wie sich diese Tiere verhalten usw. Wenn sie sie genug beobachtet haben, wird es gut sein, sie dieses Tier mit geschlossenen Augen innerlich „sehen" – also imaginieren zu lassen. Sie sollten Kröten aus Knetwachs formen, Kröten malen können und genug Gelegenheit haben, mit ihnen in ihrer Fantasie umzugehen. Erst dann sollte ihnen das Märchen von den drei Federn erzählt werden.

Wirkung auf die Kinder

Die Kinder erleben in diesem Märchen eine Umkehrung von Werten: Der Dummling wird König, der Verachtete macht das Glück, der Bereich in der Tiefe, um den sich niemand sonst kümmert, birgt die Kostbarkeiten. Diejenigen, die für klug und gescheit galten, fallen von ihrem Podest, ihre Wortgewandtheit und Überredungskunst kann sich doch nicht durchsetzen, nicht der An-schein, sondern der verborgene, übersehene Glanz setzt sich durch. Sonst erscheint weit fortgehen dürfen als Glück – zu Hause bleiben, nicht weit fortkönnen als Einschränkung. In unserem Märchen verkehrt sich die Allgemeinheits-Meinung. Am Ort bleiben, in die Tiefe kommen statt in die Weite – das kann auch Glück bringen.
Die Kinder spüren: Im Tiefunten, da gibt es etwas zu erleben. Zwar ist es dort fremd: Itschen hausen dort. Aber sie bewahren Kostbarkeiten. Die Kinder lernen wahrzunehmen, daß es Kostbares und Wertloses gibt: es lohnt sich, das Kostbare zu suchen. Es lohnt sich, in die Tiefe hinabzusteigen. Es ist reizvoll, dort auf Abenteuer auszugehen. Man kann sich von Mächten aus der Tiefe helfen lassen. Man sollte diesem geheimnisvollen Bereich nachsinnen und nachspüren.
Die Kinder unseres Alters nehmen solche „Nachricht" auf, ohne daß sie sie schon reflektieren und bedenken könnten. Sie ordnen sie für sich in ihrem seelischen Bildbereich. Kinder, die immer wieder einmal auf diese Bilder hin angesprochen werden (zum Beispiel durch das Märchenerzählen), und die immer wieder angeregt werden, Dinge, die sie gesehen haben, hinterher auch mit geschlossenen Augen zu sehen, also zu imaginieren, könnten auch zu folgendem Imaginationsversuch angeregt werden: „... Eigenartig wie der Dummling zu der alten Itsche gelangt ist ... er fand eine Falltüre, hob sie hoch, sah eine Treppe und stieg sie hinunter ... Sollen wir

einmal die Augen schließen und warten, ob wir vielleicht auch eine Treppe finden, die hinabführt? ... Und was sehen wir dort unten? ... (vielleicht etwas ganz anderes als der Königssohn im Märchen) ... Was? ...

Eine solche Übung wird man nicht im Anschluß an das erste Erzählen, sondern ein paar Tage später machen, vielleicht haben die Kinder das Märchen inzwischen noch einmal oder mehrmals hören mögen. Sie läßt sich auch nur vollziehen, wenn es der Erzieherin gelingt, die Kinder wirklich zu ruhigem Verweilen zu bringen. Auch sind 25 Kinder eine zu große Gruppe, sie müßte geteilt werden, schon damit die Erzieherin die Kinder beobachten und sich ihre Notizen machen kann. Denn die Imaginationen sollten notiert und in die Karteikarten eingetragen werden. Sie geben wichtige Aufschlüsse über das Erleben, von dem die Kinder sonst nicht sprechen können. Bei Gesprächen mit Psychologen, die gelegentlich in die Vorschulgruppen kommen und vor allem bei Gesprächen mit den Eltern könnten sie ein wichtiger Hinweis sein. Aber die Erzieherin muß gegebenenfalls auch Diskretion wahren können, zum Beispiel dann, wenn die Eltern eines Kindes kein Verständnis für bild- und symbolhafte Aussagen haben.

Ethische Orientierung

Nicht nur schnell und gescheit sein ist gut.
Auch die Für-dumm-gehaltenen sind gut. Manchmal sind sie sogar besser als die Gescheiten.
Man muß auf die Stillen achten, die nicht viel reden.
Wer oberflächlich bleibt und sich keine Mühe macht, wenn Aufgaben gestellt sind, der wird nicht viel erreichen.
Manchmal geschieht Unerwartetes, dann kommt alles ganz anders als man denkt. Dann werden „Große" klein und „Kleine" groß.

Hinweise zum Symbolverständnis

Kröte – Frosch

Auf der ganzen Welt gibt es Frosch-Märchen: in China, in Japan, in Indien, bei den Indianern und auch bei vielen europäischen Völkern. Der Frosch hat also die Menschen auf der ganzen Welt beeindruckt. Wahrscheinlich hat das darin seinen Grund, daß an ihm die Metamorphose (Verwandlung) von einem Wassertier (Kaulquappe) zu einem Landtier so deutlich zu beobachten ist. Der Frosch ist also ein Wandlungs-Symbol. – „Der Frosch ist ein chthonisches (zur Erde gehöriges) Tier und weist auf die Kräfte der Lebensentstehung. Die männlichen Urgottheiten von Hermopolis werden öfters froschköpfig dargestellt; der Frosch ist auch das heilige Tier der Geburtsgöttin Heket. In der Spätzeit erblickt man in ihm ein Symbol der Wiedergeburt." (GHM) (MLB)

Feder
Die Feder entstammt dem Federkleid von Tieren, die fliegen können, sich also in Ablösung von der Erde bewegen. Sie lassen sich vom Windhauch bewegen. Sie sinnbilden – wie der Vogel – etwas Geistiges.

Schachtel
verwandt mit Kästchen, Lade, Truhe. s. „Der goldene Schlüssel"

Die Bienenkönigin

Zwei Königssöhne gingen einmal auf Abenteuer und gerieten in ein wildes, wüstes Leben, so daß sie gar nicht wieder nach Hause kamen. Der jüngste, welcher der Dummling hieß, machte sich auf und suchte seine Brüder: aber wie er sie endlich fand, verspotteten sie ihn, daß er mit seiner Einfalt sich durch die Welt schlagen wollte, und sie zwei könnten nicht durchkommen, und wären doch viel klüger. Sie zogen alle drei miteinander fort und kamen an einen Ameisenhaufen. Die zwei ältesten wollten ihn aufwühlen und sehen, wie die kleinen Ameisen in der Angst herumkröchen und ihre Eier forttrügen, aber der Dummling sagte: „Laßt die Tiere in Frieden, ich leid's nicht, daß ihr sie stört." Da gingen sie weiter und kamen an einen See, auf dem schwammen viele, viele Enten. Die zwei Brüder wollten ein paar fangen und braten, aber der Dummling ließ es nicht zu, und sprach: „Laßt die Tiere in Frieden, ich leid's nicht, daß ihr sie tötet." Endlich kamen sie an ein Bienennest, darin war so viel Honig, daß er am Stamm herunterlief. Die zwei wollten Feuer unter den Baum legen und die Bienen ersticken, damit sie den Honig wegnehmen könnten. Der Dummling hielt sie aber wieder ab, und sprach: „Laßt die Tiere in Frieden, ich leid's nicht, daß ihr sie verbrennt." Endlich kamen die drei Brüder in ein Schloß, wo in den Ställen lauter steinerne Pferde standen, auch war kein Mensch zu sehen, und sie gingen durch alle Säle, bis sie vor eine Tür ganz am Ende kamen, davor hingen drei Schlösser; es war aber mitten in der Türe ein Lädlein, dadurch konnte man in die Stube sehen. Da sahen sie ein graues Männchen, das an einem Tisch saß. Sie riefen es an, einmal, zweimal, aber es hörte nicht: endlich riefen sie zum dritten Mal, da stand es auf, öffnete die

Schlösser und kam heraus. Es sprach kein Wort, sondern führte sie zu einem reichbesetzten Tisch; und als sie gegessen und getrunken hatten, brachte es einen jeglichen in sein eigenes Schlafgemach. Am anderen Morgen kam das graue Männchen zu dem ältesten, winkte und leitete ihn zu einer steinernen Tafel, darauf standen drei Aufgaben geschrieben, wodurch das Schloß erlöst werden könnte. Die erste war, in dem Wald unter dem Moos lagen die Perlen der Königstochter, tausend an der Zahl, die mußten aufgesucht werden, und wenn vor Sonnenuntergang noch eine einzige fehlte, so ward der, welcher gesucht hatte, zu Stein. Der älteste ging hin und suchte den ganzen Tag, als aber der Tag zu Ende war, hatte er erst hundert gefunden; es geschah, wie auf der Tafel stand, er ward in Stein verwandelt. Am folgenden Tag unternahm der zweite Bruder das Abenteuer: es ging ihm aber nicht viel besser als dem ältesten, er fand nicht mehr als zweihundert Perlen, und ward zu Stein. Endlich kam auch an den Dummling die Reihe, der suchte im Moos, es war aber so schwer, die Perlen zu finden und ging so langsam. Da setzte er sich auf einen Stein und versann sich. Und wie er so saß, kam der Ameisenkönig, dem er einmal das Leben erhalten hatte, mit fünftausend Ameisen, und es währte gar nicht lange, so hatten die kleinen Tiere die Perlen miteinander gefunden und auf einen Haufen getragen. Die zweite Aufgabe aber war, den Schlüssel zu der Schlafkammer der Königstocher aus der See zu holen. Wie der Dummling zur See kam, schwammen die Enten, die er einmal gerettet hatte, heran, tauchten unter und holten den Schlüssel aus der Tiefe. Die dritte Aufgabe aber war die schwerste, aus den drei schlafenden Töchtern des Königs sollte die jüngste und die liebste herausgesucht werden. Sie glichen sich aber vollkommen und waren durch nichts verschieden, als daß sie, bevor sie eingeschlafen waren, verschiedene Süßigkeiten gegessen hatten, die älteste ein Stück Zucker, die zweite ein wenig Sirup, die jüngste einen Löffel voll Honig. Da kam die Bienenkönigin von den Bienen, die der Dummling vor dem Feuer geschützt hatte, und versuchte den Mund von allen dreien, zuletzt blieb sie auf dem Mund sitzen, der Honig gegessen hatte, und so erkannte der Königssohn die rechte. Da war der Zauber vorbei, und alles war aus dem Schlaf erlöst, und wer von Stein war, erhielt seine menschliche Gestalt wieder. Und der Dummling vermählte sich mit der jüngsten und liebsten und ward König; seine zwei Brüder aber erhielten die beiden andern Schwestern.

Grimm, Nr. 62

Ein Märchen für den Sommer

Auch das Märchen von der Bienenkönigin ist ursprünglich kein Kindermärchen. Dennoch sind Kinder zwischen fünf und sechs Jahren in der
Lage, soviel zu verstehen, daß sie einen Gewinn haben, wenn sie dieses
Märchen hören können. Allerdings verträgt es eine lange Vorbereitungs-
zeit. Es könnte drei oder vier Wochen lang das Programm bestimmen, die
Kinder werden viel lernen und entdecken können und rundherum gefördert werden.

Der Grundton

Er ist dem des vorherigen Märchens nicht unähnlich: berichtend, von Zuversicht bestimmt, daß das Heilende und Erlösende sich durchsetzen
wird, das muß von Anfang an mitgehört werden.

Die Bilder

Auch dieses Märchen lebt von einer Fülle von Bildern, aus der nur die
wichtigsten herausgesucht werden sollen. Da sind zunächst die drei Sta-
tionen mit den Tieren: Ameisen, Enten, Bienen. Es ist wichtig, daß die
Kinder mit diesen Tieren vertraut geworden sind. Ich würde je eine Woche
lang eine der Tierarten zum Thema machen. Der Ameisenhaufen muß angeschaut werden (eventuell die Eltern um Mithilfe bitten), die Ameisen-
straßen, die Geschäftigkeit und Emsigkeit dieser Tiere beobachtet und ins
kindliche Gefühl eingelassen werden. Ihre Reaktion auf eine kleine Störung müssen die Kinder erleben, ... Das Erlebte wird besprochen, der
kindliche Sprachschatz erweitert: Ameisen laufen, krabbeln, tragen fort,
sind emsig, geschäftig, bauen eine Burg ... Kurze Sätze könnten erarbeitet
und gesungen werden, wenn die Kinder Melodien dazu erfinden ... in der
Gymnastiübung könnten sie wie Ameisen krabbeln, eine Ameisenstraße
bilden, auf der hin und hergelaufen wird, wie sie es gesehen haben ... es
gibt tausend Möglichkeiten.
Ähnlich könnte den Kindern zu lebendigen Vorstellungen von Enten und
Bienen verholfen werden: Enten kann man füttern ... Kinder können wie
Enten watscheln, das Schwimmen imitieren. Es gibt Entenlieder ...
Man kann wie die Bienen summen, man kann nachahmen, wie sie von
Blüte zu Blüte fliegen und Honig sammeln. Eine Honigbrot-Mahlzeit
sollte gehalten werden, die Süßigkeit ausgekostet werden ...

Immer dann, wenn die Kinder mit einem Tier genügend bekannt geworden sind, könnten sie wieder zu einer Imaginationsübung angeregt werden: Wißt ihr noch, wie der Ameisenhaufen aussah? – Wollen wir einmal
die Augen schließen, vielleicht könnt ihr ihn dann noch sehen? ... Ein an-
dermal: Was haben wir gestern am Teich gesehen? ... (erzählen lassen)
...Wer weiß noch, wie seine Lieblingsente aussah? ... Könnt ihr sie vielleicht sogar noch sehen, wenn ihr die Augen schließt? ... An einem anderen Tag: Wie ist die Biene in die Blüte geschlüpft? ... Heute haben wir keinen Honig da. Aber vielleicht könnt ihr den Geruch trotzdem spüren? ...
und habt den Honiggeschmack auf der Zunge? ...
Für solche Übungen sind nur Einfälle nötig, die eine Erzieherin haben sollte. Sie gelingen gewiß, wenn die Kinder imstande sind, ein wenig ruhig zu
verweilen, und dies wird wiederum von dem guten Verhältnis der Erzieher
zu den Kindern abhängen, während andererseits solche in Muße durchge-
führte Übungen wiederum die Kinder innerlich beruhigen und dazu beitragen werden, daß sich die Beziehungen zwischen Kind und Erzieher ver-
bessern können.
Außer diesen Tieren sind noch folgende Bilder wichtig: das Schloß (das
verwunschen ist, in dessen Ställen steinerne Pferde stehen), die Tür (die
mit drei Vorhänge-Schlössern verschlossen ist und ein Lädlein = Guck-
loch zum Durchschauen hat), das Moos im Wald, die Perlen, der Schlüssel. Für die Kinder ist nur wichtig, daß sie von allen diesen Dingen eine
deutliche und lebendige Vorstellung haben, dann wird sich ihnen der
Bildgehalt von selbst im Hören erschließen. Die Erzieher werden selbst
nachprüfen müssen, wo noch Lücken bestehen. Vielleicht sollten die Kinder die Möglichkeit haben, eine Zeitlang echte Perlen auf einem wir-
kungsvollen Tuch zu betrachten, wertlose daneben halten, festzustellen
versuchen, was das Besondere an echten Perlen ist, vielleicht muß man sie
erst darauf aufmerksam machen, welchen eigenartigen Schimmer sie haben, daß manche ins gold-gelbliche andere ins silber-weißliche schimmern
... Vielleicht müssen sie auch noch Moos kennenlernen in seiner Feuch-
tigkeit, feststellen, wie es sich anfühlt, die Moosfarbe auf sich wirken lassen ... vielleicht haben sie Spiel- oder Bastel einfälle, die unsere Unterstützung brauchen ...

Wirkung auf die Kinder

Die Stärke und Überlegenheit des sogenannten Dummling kommt in diesem Märchen noch stärker heraus als in dem letzten. Der Jüngste hat sogar heimliche Macht über seine älteren Brüder. Sie sehen ein, daß ihre Vorhaben nicht sehr edel sind und lassen sich von ihm bestimmen, anders zu handeln als ihr erster Impuls ihnen eingegeben hatte.

Die Kinder lernen unversehens, daß es eine geheime Beziehung zwischen Mensch und Tier, zwischen Mensch und Natur gibt. Daß es einen Sinnzusammenhang gibt, den zu stören sich nicht auszahlt. Kinder, die von Kleinauf gelernt haben, anderes Lebendiges wahrzunehmen und mit ihm zu fühlen, werden als Erwachsene für ökologische Probleme und die der Umweltverschmutzung aufgeschlossen sein. Denn ein mitfühlender Mensch bringt eher die Kraft auf, gegen puren Egoismus anzugehen und not-wendigen Verstandeseinsichten zu folgen als jemand, der nie zu fühlen gelernt hat und deshalb zu Beschwichtigung und Verdrängung neigt.

Das verwunschene Schloß, versteinerte Pferde im Stall, menschenleere Zimmer, eine mit drei Schlössern abgesicherte Tür, ein grauer Alter, der erst auf dreimaligen Anruf erwacht und dann lautlos bleibt und auf eine steinerne Tafel mit den Erlösung verheißenden Aufgaben weist – – das wird die Kinder eigenartig berühren und ihre Fantasie beschäftigen. Sie werden spontan Erlösung wünschen, über das zweimalige Mißlingen betrübt sein, und sie werden sich selbst erlöst fühlen, wenn es heißt: ,,da war der Zauber vorbei, alles aus dem Schlaf erlöst, wer von Stein war, erhielt seine menschliche Gestalt wieder" … In diesen Bildern erleben sie, daß es Verfestigung, Verspanntheit und Verhärtung gibt: Lebendiges kann versteinern. Aber es gibt auch Lösung, es gibt Entspannung. Steinernes kann sich wieder erweichen.

Eine unterschwellige Ahnung wird ihnen bleiben, daß es Aufgaben gibt, die man nur lösen kann, wenn man ,,sich auf einen Stein niedersetzt und versinnt" – denn dann kommt einem Hilfe zu aus anderen Bereichen, an die man gar nicht gedacht hat. In ausweglosen Situationen ist draufflosschaffen verkehrt – nur innehalten und nachsinnen bringt dann weiter … Rechtes Handeln zahlt sich manchmal erst spät aus … aber es scheint so etwas wie eine verborgene Logik der Dinge zu geben, einen großen Sinnzusammenhang, der nicht ohne weiteres zu durchschauen ist …

Die Kinder erfahren: es gibt schwere Aufgaben ... aber es gilt, sie zu bestehen ... man bleibt auch nicht ohne Hilfe dabei ... Der Held bekommt die Krone, das heißt: er wird sich frei, eben „königlich" fühlen.

Ethische Orientierung

Jüngere verachten, führt zu nichts.
Zerstörerischen und gierigen Impulsen soll man nicht nachgeben. Wer sich ihnen überläßt, wird grob und abgestumpft, er lernt nicht „die Tiere zu verstehen", das heißt: er hat kein Organ für das Leise, Schwer-zu-vernehmende, für die stille Weisung, die aus den Dingen und dem Inneren aufsteigt. – Sich furchtlos für Bedrohtes einsetzen zahlt sich aus. Mit den Dingen fühlen und in Verbindung bleiben, das ist wichtig.
Schwieriges muß gewagt werden.
In heiklen Situationen ist Innehalten wichtiger als drauflos zu schaffen.

Hinweise zum Symbolverständnis

Ameise (Element: Erde)
Sie lebt wie die Biene in einem Staat. „Im alten China Symbol der Tugend und Vaterlandsliebe ... in Rom als Getreidesammlerin der Fruchtbarkeitsgöttin Ceres zugeordnet ... Vorbild der Klugheit und Arbeitsamkeit ..."(GHM)

Ente (Element: Wasser)
Sie lebt auf dem Wasser – ist aber auch an Land zu Hause. Als Symbol ist sie mit „Gans" und „Schwan" verwandt, die oft als „Seelenvögel" gebraucht werden. So kann z.B. in „Die drei Männlein im Walde" die tote Königin als Ente erscheinen. (Grimm, Nr. 13). „Bei den Etruskern ist die Ente ein Vogel, der dem Jenseits zugehörig ist ... Im Fernen Osten ist das Bild eines Entenpaares das Symbol ehelicher Vereinigung und Treue." (GHM)

Biene (Element: Luft)
Die Biene ist den Menschen durch ihren unermüdlichen Fleiß aufgefallen. Sie haben sich vom Bienenstaat beeindrucken lassen. Die Biene wurde in alter Zeit „als Sinnbild einer frommen, einigen Gemeinde verstanden." (GHM)

102

Perle

Die Perle entsteht geheimnisvoll: sie bildet sich im Dunkel der Muschel im Meerwasser. Ihr wunderbarer Schimmer mag die Menschen seit altersher stark berührt haben. Er ist „Licht", das im Dunkel „gewachsen" ist. „Die Symbolbedeutung der Muschel beruht auf der Beziehung zum Wasser und mit diesem zusammen wieder zum Mond und auch auf dem Gedankengang, daß die Perle sich in der Muschel bildet wie der Embryo im Mutterleib." (MLB)

Im Evangelium ist sie „Bild für das Erdentrückte, Himmlische." (MLB) Von zwölf Perlen sind die Tore der himmlischen Stadt gebildet. „Wenn Jesus seine Jünger mahnt: ‚Gebt das Heilige nicht den Hunden und werft eure Perlen nicht den Schweinen vor‘ (Mt 7,6), so greift er damit auf alte Symbolvorstellungen zurück, die in der Perle das Zeichen des göttlichen Lichtes erblicken." (MLB)

Die Thomasakten (eine apokryphe Schrift, die nicht in den Kanon der biblischen Schriften aufgenommen worden ist) enthalten ein „Lied von der Perle". Dort sinnbildet die Perle die aus Gott stammende menschliche Seele –.

Schlüssel
siehe „Der goldene Schlüssel" (S. 45)

König

Der König ist im Märchen ein Symbol und hat nichts mit „politischen Herrschaftsstrukturen" zu tun. Da das Märchen eine Bildsprache spricht, muß auch „König" und „König werden" als ein „Bild" verstanden werden, das eine Wirklichkeit bezeichnet, die sich eben am besten unter diesem Bild aussagen läßt: Wer „König wird", der hat durch seinen Wandlungsweg und durch seine Taten sich als jemand erwiesen, der über den Dingen steht. Er „herrscht" über seine niederen Triebe, in unaggressiver Weise aber auch über Menschen, die seine Bewußtseinsstufe noch nicht erreicht haben. Er besitzt die „Fähigkeit, geistige Kräfte hervorzubringen, die verwandelnd auf die Dinge einwirken." (Schl)

Schlußbesinnung

Kein Kindermärchen – ein Märchen für Eltern und Erzieher und alle Erwachsenen

Märchen von der Unke

Es war einmal ein kleines Kind, dem gab seine Mutter jeden Nachmittag ein Schüsselchen mit Milch und Weckbrocken, und das Kind setzte sich damit hinaus in den Hof. Wenn es aber anfing zu essen, so kam die Hausunke aus einer Mauerritze hervorgekrochen, senkte ihr Köpfchen in die Milch und aß mit. Das Kind hatte seine Freude daran, und wenn es mit seinem Schüsselchen da saß, und die Unke kam nicht gleich herbei, so rief es ihr zu:

> „Unke, Unke, komm geschwind,
> Komm herbei, du kleines Ding,
> Sollst dein Bröckchen haben,
> An der Milch dich laben."

Da kam die Unke gelaufen und ließ es sich gut schmecken. Sie zeigte sich auch dankbar, denn sie brachte aus ihrem heimlichen Schatz allerlei schöne Dinge, glänzende Steine, Perlen und goldene Spielsachen. Die Unke trank aber immer nur Milch und ließ die Brocken liegen. Da nahm das Kind einmal sein Löffelchen, schlug ihr damit sanft auf den Kopf und sagte: „Ding, iß auch Brocken." Die Mutter, die in der Küche stand, hörte, daß das Kind mit jemand sprach, und als sie sah, daß es mit seinem Löffelchen nach einer Unke schlug, so lief sie mit einem Scheit Holz heraus und tötete das gute Tier.

Von der Zeit an ging eine Veränderung mit dem Kind vor. Es war, solange die Unke mit ihm gegessen hatte, groß und stark geworden, jetzt aber verlor es seine schönen roten Backen und magerte ab. Nicht lange, so fing in der Nacht der Totenvogel an zu schreien, und das Rotkehlchen sammelte Zweiglein und Blätter zu einem Totenkranz, und bald hernach lag das Kind auf der Bahre.

Grimm, Nr. 105, I

Die Brüder Grimm bemerken zu diesem Märchen: „... Unke nennt man in Hessen und Westfalen die Ringelnatter, die gern Milch trinkt und nicht giftig ist." – Der Glaube an Hausschlangen als gute Hausgeister ist sehr alt. Unser Märchen zeigt hier die Hausschlange, die „aus der Mauerritze hervorgekrochen kommt", in einer innigen Verbindung mit dem kleinen Kind. Es bringt uns dieses Miteinander von Kind und Unke in warmen Tönen nahe: Das Kind wartet auf die Unke, ruft sie, wenn sie nicht gleich kommt, erlaubt ihr, von seiner Milch zu trinken, hat seine helle Freude an ihr und genießt dieses heimlich-heimelige Zusammensein mit dem Tier. Die kleine Schlange hingegen bringt Geschenke mit, die das Kind erfreuen: das Verhältnis ist von beiden Seiten ein inniges, glückliches.

Vorschlag für eine Imaginationsübung

Wer sich das Märchen etwas besser erarbeiten möchte, könnte folgende Imaginationsübung machen: Er versucht, sich zu „versenken", das heißt, das begriffliche Denken zu verlassen. So wie die Goldmarie aus „Frau Holle" in den Brunnen sprang, in den die Spindel hinabgefallen war, so versuchen auch wir, durch den Schacht zu gelangen. Wir lassen unsere Gedanken in der Tagwelt zurück. Nur noch die Bilder, die aus unserem Inneren aufsteigen, lassen wir zu. Dann warten wir ab, ob das Kind, das im Hof sitzt, auftaucht, so daß wir es sehen können und schauen einfach. Danach identifizieren wir uns mit diesem Kind: Wir werden selbst dieses Kind und lassen geschehen, was sich vor unserem inneren Auge zeigt. Wer eine solche Übung allein macht, sollte sich im Anschluß daran notieren, was er sah. Beteiligen sich mehrere an einer solchen Übung, sollte man sich unbedingt über das Erlebte austauschen. Das ist sehr wichtig. Wer spricht, wird sich im Sprechen schon klarer über das, was er sah und erlebte, und die anderen haben den Gewinn, die gleiche Situation aus verschiedenen Perspektiven erleben zu können.

Danach sollte das Märchen noch einmal laut gelesen oder erzählt werden. Alle Beteiligten werden feststellen, daß es sich durch eine solche Übung dem Verständnis ein Stück weiter erschlossen hat – ohne daß man direkt darüber geredet hat. Das Märchen spricht ja in Bildern, und Bilder sind zunächst zum Schauen da, nicht zum voreiligen Gerede.

Die Problematik des Kind-Erwachsenen-Verhältnisses

Dieses Märchen bringt eine Tragödie ins Bild, die sich immer wieder zwischen Kind und Erzieher abspielt. Das Kind lebt auf einer anderen Bewußtseinsstufe als wir Erwachsenen. Es hat zu den Dingen und Tieren auf der Welt einen andersartigen Zugang als wir Erwachsenen, es kann ihnen nämlich noch unmittelbarer begegnen. Wir haben längst vergessen, wie wir als Kinder erlebt haben und sind jetzt in unserem Bewußtsein völlig anders ausgerichtet. Deshalb haben wir Schwierigkeiten damit, uns in die kindliche Mentalität hineinzuversetzen und unternehmen Grobheiten, die das Kind verletzen müssen.

Vielleicht kommt uns bei diesem Märchen in den Sinn, wie einfach und eindringlich es die Erzieherproblematik darstellt. Wir alle sind mitbeteiligt an dem Geschehen, das in diesem Märchen ausgesagt wird, und zwar von zwei Seiten her: als Kind haben wir dieses mehr oder weniger glücklich oder unglücklich abgelaufene Erzieherverhalten erlitten – jetzt, da wir erwachsen sind, beteiligen wir uns an ihm als Handelnde. Man braucht dazu nicht einmal eigene Kinder zu haben oder ein Erzieher zu sein. Allein durch die Art, in der wir an Kindern vorübergehen, – sie sehen, oder eben nicht sehen, – werden wir einbezogen und unser Verhalten hat seine Wirkung auf die Kinder.

Wir alle sind – auch ohne Absicht, ja oft ahnungslos – an einer Wirkungsgeschichte beteiligt, die so abläuft, wie unser Märchen sie schildert. Und ein solches Fehlverhalten wird nie ganz aus der Welt zu schaffen sein –

weil wir niemals ganz und gar übersehen können, was eine Situation an Empfindlichkeiten und Möglichkeiten enthält. Wir sind eben nicht wie Götter, die über allem stehen. Zwar müssen wir uns um Einfühlung und Verständnis mühen, aber bei allem guten Willen passiert doch immer wieder, daß eine Situation verhängnishaft wird und wir zu Akteuren werden, die mit einem Holzscheit in der Hand daherkommen und zerstören. Und so eine Störung oder gar Zerstörung hat immer Folgen. Wir müssen – wenn wir einsichtig genug sind – erkennen, daß wir selbst in Verhängnishaftes verwickelt sind, wie gut auch immer wir es gemeint haben mögen. Es gibt nur ein Mittel, durch das dieser „überkochende Brei" aufgehalten werden kann. Es läßt sich in einem einzigen Wort zusammenfassen: Liebe. Sie ist das einzige Heilmittel, das es auf dieser Welt gibt.

Liebe kann sich in unserer Welt aber nicht immer nur beschützend, bewahrend, zärtlich und die-Flügel-ausbreitend geben. Sie muß auch nüchtern und wachsam genug sein, um zu erkennen, daß Leben in dieser Welt gleichzeitig Sterben heißt, daß Leben sich immer nur aus Tod gebiert. Dieses Spannungsverhältnis müssen wir erleiden, solange wir auf der Welt leben.

Auf diese Weise wird es sogar möglich, dieses in unserem Märchen geschilderte Sterben des Kindes auf einer psychischen Ebene positiv zu sehen: Denn das naiv-glückliche Kind in unserem Innern, das auf die Dauer naiv bleiben und die Wirklichkeit mit dem notwendigen Tod nicht akzeptieren will, muß eines Tages sterben. Nur so ist Erwachsenwerden möglich. Dieses „Kind" muß sterben, und sollte ihm der Todesstoß durch ein fühllos geführtes Holzscheit von irgendeiner Mutter- oder Vaterfigur in unserem Leben zugefügt werden. Sei es – er ist notwendig, wenn auch Schmerzen damit verbunden sind.

So spielt unser Märchen auf verschiedenen Ebenen. Auf einer mahnt es uns: „Hüte dich, kleine Kinder zu verletzen!" Auf einer anderen bringt es zum Ausdruck: „Es wird doch geschehen – auch gegen deine Absicht." Auf einer dritten Ebene läßt sich schließen: „In bestimmter Hinsicht ist solcher Tod sogar notwendig", – Das Märchen beschönigt nicht, gaukelt uns nichts vor. Es hält uns keine Moralpredigt, es endet gewissermaßen in der Schwebe: „So ist's auf der Welt! – – Sieh zu, wie du damit fertigwirst."

[1] vgl.: Betz, Erfahrung vorbereiten, München und Lahr 1976, S. 18 ff.

[2] Siehe dazu das Kapitel „Lebenserfahrung und Märchen" in: Betz, Erfahrung vorbereiten, S. 56–70

[3] Näheres dazu in: Betz, Erfahrung vorbereiten

[4] Diese Einsicht verdanke ich meiner verehrten Meisterin Vilma Mönckeberg, deren Schülerin im Märchenerzählen ich sein durfte. Siehe auch ihr Buch: Das Märchen und unsere Welt, Düsseldorf – Köln 1972

[5] Siehe besonders: A. Rosenberg, Kreuzmeditation, München 1976. A. Rosenberg, Christliche Bildmeditation, München 1975

[6] Unken gehören zu der Froschlurch-Gattung. Sie leben meist im Wasser und zeichnen sich durch ihren dumpfen Ruf aus. Unkenlieder verraten, daß der tief-dumpfe Unkenton die Menschen schon immer eigentümlich berührt hat.

[7] in: Betz-Becker-Kettler, Religiöse Elemente in der Vorschulerziehung, München 1973

[8] nachzulesen in: Janosch erzählt Grimm's Märchen, Weinheim und Basel, 1972

[9] Es sei auch hingewiesen auf den Fotoband von Becker-Niggemeier, Ich habe eine Mark, Ravensburg 1974

[10] vgl. dazu Betz, Erfahrung vorbereiten S. 42 ff.

[11] s. Rosenberg, Unbekannte Worte Jesu, München 1954

Ein Titel zum Thema dieses Buches:

Felicitas Betz (Hrsg.)

Erfahrung vorbereiten

Wege christlicher Erziehung heute. Handreichung für Eltern
und Erzieher im Vor- und Grundschulbereich
164 Seiten, Paperback

Verunsicherung kennzeichnet die Lage der religiösen Erziehung. Felicitas Betz und erfahrene Pädagogen gehen dieses
Problem unbefangen und mit gebotener Vorsicht an und
zeigen Wege aus der Ratlosigkeit: Einüben der Wahrneh-
mungsfähigkeit, Einführung in Sammlung und Stille, Umgang mit Märchen und biblischen Geschichten. Das alles in
einer Sprache, die leicht verständlich ist und oft in wört-
licher Rede vorführt, wie man einen Text lebendig werden
lassen kann und der Glaubensinhalt sichtbar wird.

**Verlag J. Pfeiffer · 8000 München 2
Verlag Ernst Kaufmann · 7630 Lahr**

Regine Schindler

Erziehen zur Hoffnung

Mit Kindern unterwegs zu Gott
176 Seiten, kartoniert

Ein Leben voller Hoffnung ist für die Autorin ein Leben, in dem man mit Gottes Wirken rechnet.

In den verschiedensten Situationen des Alltags fragen Kinder nach Gott. Erwachsene können ihnen durch ihr Verhalten, mit ihren Antworten und durch Erzählungen weiterhelfen. Eltern, die christlich erziehen wollen, aber auch Erzieherinnen und Pfarrer erhalten durch dieses Buch Anregungen, wie man solchen Fragen begegnen kann und wie man Kinder auf dem Weg zu Gott begleitet.

Einige Hauptthemen des Buches: Gottesbild, Schöpfung, Gebet; Feste, die von Jesus erzählen; Osterhase, Christkind, Märchen u. a.

Verlag Ernst Kaufmann
gemeinsam mit dem TVZ-Verlag

Dietrich Steinwede

Was ich gesehen habe

Thematische Bibelerzählungen für Kinder, Eltern und Lehrer, 221 Seiten, Linson-Band

In bewährter sprachlicher Meisterschaft legt Dietrich Steinwede hier Kernstellen aus dem Alten Testament und dem Neuen Testament zum Vorlesen oder Erzählen für Kinder vor. Mit der Darstellung eines Themas aus der kindlichen Erfahrungswelt verbunden, wird theologisch zuverlässig und in sicherem Stil eine biblische Erzählung oder ein theologischer Sachverhalt erschlossen.

Die religionspädagogische Forderung, biblische Thematik schülerorientiert zu vermitteln, wird hier in geglückter Weise erfüllt.

Verlag J. Pfeiffer
gemeinsam mit dem Verlag Vandenhoeck & Ruprecht